Jean Noel

Une faillite, leçon de vie

Jean Noel

Une faillite, leçon de vie

Éditions Vie

Impressum / Mentions légales
Bibliografische Information der Deutschen Nationalbibliothek: Die Deutsche Nationalbibliothek verzeichnet diese Publikation in der Deutschen Nationalbibliografie; detaillierte bibliografische Daten sind im Internet über http://dnb.d-nb.de abrufbar.

Information bibliographique publiée par la Deutsche Nationalbibliothek: La Deutsche Nationalbibliothek inscrit cette publication à la Deutsche Nationalbibliografie; des données bibliographiques détaillées sont disponibles sur internet à l'adresse http://dnb.d-nb.de.

Coverbild / Photo de couverture: www.ingimage.com

Verlag / Editeur:
Éditions Vie
ist ein Imprint der / est une marque déposée de
OmniScriptum GmbH & Co. KG
Bahnhofstraße 28, 66111 Saarbrücken, Deutschland / Allemagne
Email: info@editions-vie.com

Herstellung: siehe letzte Seite /
Impression: voir la dernière page
ISBN: 978-3-639-85008-6

Une faillite, leçon de vie

Jean Noël

"Les défis sont ce qui rend la vie intéressante
et les surmonter est ce qui lui donne du sens"
Joshua J. Marine

Je dédie mon livre aux acteurs de la vie économique, à ces chefs d'entreprise de TPE/PME confrontés quotidiennement à des difficultés de tous ordres et à ceux qui voient disparaître leur outil de travail dans l'indifférence générale.
Sachez que vous n'êtes pas seuls, le monde associatif peut vous aider : « Second souffle ».

Entrée en matière

A l'heure où le pays subit encore les affres d'une crise économique qui n'a que trop duré, entraînant la fermeture de trop nombreuses entreprises avec pour conséquences, la suppression de centaines de milliers d'emplois, je tenais à vous faire partager mon expérience, en tant que salarié, puis comme dirigeant, d'une PME du bâtiment ayant été confrontée à deux faillites.
En toute connaissance de cause et seulement quelques jours après le premier de ces dépôts de bilan, j'avais accepté d'intégrer l'entreprise à un poste de responsable administratif et financier. A ce titre, j'ai participé à son redressement et à sa pérennisation, puis j'ai eu envie d'aller plus loin. Sept ans plus tard, c'est en tant que gérant que je m'y suis investi. Tout ne s'est malheureusement pas passé comme je l'espérais et au bout de plus de quatre années, j'ai été moi-même contraint de déposer le bilan. Ma décision de céder mon fonds de commerce par voie judiciaire a permis, et c'est une de mes fiertés, de préserver une partie du personnel et des clients.
J'ai vécu de l'intérieur l'application des lois régissant les procédures collectives et leurs évolutions successives. Seul en tant que salarié puis avec l'appui de mon avocat durant ma gérance, nous avons dû nous défendre âprement pour faire valoir nos doléances. Notre ténacité n'a pas été vaine puisqu'elle a permis à une activité redevenue rentable de perdurer pendant onze ans, à des emplois d'être préservés et de tendre vers un modèle sociétal.
Les décisions de justice prises à l'encontre des dirigeants de PME post-liquidations judiciaires peuvent être lourdes de conséquences : leur responsabilité peut être recherchée ; au pire, leur patrimoine personnel peut être appelé pour couvrir le passif de l'entreprise ; leur statut de vie change, inévitablement ; sans parler de probables retombées sur leur vie personnelle. De plus, dans une société française encore conservatrice et jacobine, la liquidation judiciaire véhicule une image d'échec, de « looser », contrairement à la mentalité anglo-saxonne qui tire de cette expérience une envie de rebondir. « *L'échec est l'épice qui donne sa saveur au succès* », écrivait le célèbre romancier américain Truman Capote.

Avec ce retour d'expérience, j'ai voulu montrer qu'après un échec entrepreneurial, on peut se relancer dans la vie active, préserver sa dignité, son éthique, ses convictions, sa conscience, ne rien regretter, être fier de ses actions accomplies et en tirer des enseignements.

Personnages du livre, par ordre d'apparition

(NB : les noms ont été changés) :

M. Dubois., le dirigeant « historique » de la société
Mme Dubois, femme du dirigeant et secrétaire de la société
M. Martin, le chargé d'affaires protégé par Dubois
M. Garnier, le chargé d'affaire bouc émissaire
M. Petit, le responsable de l'atelier
Mme Richard, secrétaire
M. Moreau, le chargé d'affaire qui remplace Garnier
Mme Rousseau, mon interlocutrice de la société de régie publicitaire
M. Chevalier, directeur de la nouvelle société « courant faible »
M. Leroy, dirigeant d'une micro structure dans la climatisation
M. Bonnet, 3ème chargé d'affaire

NB : tous les mots suivis d'une étoile font l'objet d'une explication dans le lexique que vous trouverez à partir de la page 215. Ils sont classés en fonction de leur ordre d'apparition, avec une référence à la page.

Le défi que j'ai choisi de relever :

accepter un poste au sein d'une entreprise en redressement judiciaire

Un choix en toute connaissance de cause

J'ai débuté ma carrière professionnelle au sein des majors du BTP en qualité de « tour de France administratif ». L'intitulé du poste est suffisamment expressif pour signifier que j'avais accepté une mobilité totale sur le territoire et les circonstances m'ont donc conduit à être détaché sur des chantiers nationaux comme contrôleur de gestion. Ma mission : y collecter chaque mois des données économiques, en faire la synthèse, faire ressortir d'éventuels écarts avec ce qui était budgété au départ, les analyser. Je présentais ensuite le document à la direction du groupement d'entreprises pour validation. J'ai appris ce métier sur le terrain, me suis enrichi au contact des opérationnels, tant sur un plan technique qu'humain.
J'ai occupé cette fonction durant quatre ans. J'aurais pu continuer sur cette voie, ayant même de belles perspectives d'évolution : j'avais des propositions de postes à responsabilités, en particulier comme contrôleur de gestion régional au sein de grands groupes.
Seulement voilà…

Décembre 1995.
J'ai envie d'appliquer plus concrètement ce que j'ai appris pendant mes études d'expertise-comptable. Je postule donc par voie de presse à un poste de responsable administratif et financier dans une PME du bâtiment. Je sens que cette fonction m'ouvrira la porte vers une large palette de domaines de compétences et que je pourrai, à terme, envisager, une polyvalence plus facile à exprimer au sein d'une PME.
Convoqué pour un entretien d'embauche, quelle n'est pas ma surprise, ce soir d'hiver, de me rendre sur le lieu de convocation et de me retrouver seul dans une rue pavillonnaire ! Je pense à un canular. Mais non, c'est bien là ! Après renseignement, le rendez-vous a lieu au domicile de M. Dubois., le dirigeant de l'entreprise. Sa femme, des membres de sa famille et l'expert-comptable sont également présents.

Au cours de l'échange, ils m'expliquent en toute transparence que la société vient de déposer son bilan il y a quinze jours et a été placée en redressement judiciaire par le Tribunal de Commerce (*) Compte-tenu de la taille de la société, qui compte une trentaine de salariés, le Tribunal a décidé l'application d'une procédure simplifiée (*), avec une période d'observation de quatre mois, renouvelable une fois.
Ils ont besoin, en urgence, d'un responsable administratif et financier, l'embauche précédente n'ayant pas été concluante. Ma prise de poste, si prise de poste il y a, se fera donc en toute connaissance de cause.

Des comptes se règlent, à coups de licenciements autorisés

Mes connaissances en matière de procédure collective se cantonnent pour le moment au contenu théorique de mes manuels d'étudiants. Cela va rapidement changer ! En les écoutant me détailler les actions entreprises, je me sens tout à coup projeté au cœur d'une procédure collective.
Le Tribunal de Commerce a nommé un juge commissaire (*). Sa mission : prendre en charge la société. Il n'a pas laissé le choix à Dubois : celui-ci doit restructurer, et cela passe dans l'urgence par une réduction des effectifs. En pareille situation, la masse salariale sert comme toujours de variable d'ajustement dans la recherche d'économies immédiates.
Dans le cadre des licenciements économiques, la législation sociale et le droit du travail imposent des critères stricts pour déterminer l'ordre des licenciements : ancienneté au sein de l'entreprise, postes et fonctions occupés, critères plus personnels comme la charge de famille. Dubois a donc proposé au juge commissaire une liste de sept salariés à licencier. Ce dernier l'a validée sans difficulté, tout étant entrepris pour sauver l'outil, ce que tout le monde peut comprendre.
Une fois embauché, je comprendrai que la réalité n'est pas si simple et que cette liste sert en fait très bien les intérêts de Dubois.

J'apprendrai que l'ambiance de travail est devenue si exécrable qu'il n'est plus vraiment présent au sein de son entreprise mais travaille depuis son domicile ! D'où cet entretien d'embauche sur le lieu de résidence privée ! Tout cela principalement à cause de rapports très tendus entre le couple dirigeant, le directeur technique et une secrétaire. Dubois semble avoir saisi cette opportunité économique pour se séparer de deux salariés « encombrants » sans rien avoir à débourser sur le champ : le coût de ces licenciements est pris en charge par le fonds de garantie des salaires, le FNGS (*). En effet, ils entrent dans le cadre de créances super-privilégiées (*) dont le remboursement s'étalera sur dix-huit mois. Ces deux salariés ont accepté par ailleurs des conventions de conversion, dont le coût est également à rattacher au passif (*) de la société, une aubaine ! Dans le cas contraire, il aurait fallu constituer un dossier à charge à l'égard de ces salariés, procédure longue, coûteuse et qui plus est, aléatoire en termes de résultat, compte tenu de leur ancienneté dans la société.
Il n'empêche, ces deux licenciements témoignent d'une situation comparable à un scénario de la célèbre série Dallas, dont, si je suis embauché, je vais hériter, bien malgré moi !

Des débuts dans une ambiance pesante

Ma candidature est retenue et je prends mes fonctions mi-décembre, dans une ambiance pesante. A cause des licenciements de collègues bien sûr, mais aussi parce que les salaires du mois de novembre n'ont toujours pas été versés. La cessation de paiements (*) de fin novembre a entraîné le gel du passif de la société, les salaires doivent donc être pris en charge par le Fonds National de Garantie des Salaires, ce qui retarde la date à laquelle les salariés vont être payés.
Et ils sont inquiets sur le devenir de la société. On le serait à moins !
Deux jours après mon arrivée, Dubois réunit l'ensemble du personnel dans un lieu aux conditions spartiates : « le dépôt ». La place manque, l'éclairage et le chauffage font défaut, un comble

pour une société d'électricité ! Les salariés, qui fondaient beaucoup d'espoir sur cette réunion, déchantent vite. Les informations communiquées par Dubois restent vagues, la présence de la famille, manifestant soudainement un regain d'intérêt pour la société, laisse songeur. L'incertitude demeure donc, pas de quoi rassurer et remobiliser les troupes.

Le rituel du vendredi, chez l'administrateur judiciaire (*)

La société est donc sous la tutelle d'un administrateur judiciaire. Chaque vendredi matin, nous sommes dans l'obligation de nous présenter à son étude. Lors du premier rendez-vous, je suis accompagné de Dubois. Comme tout un chacun, nous patientions dans la salle d'attente, semblable à n'importe quelle salle d'attente de cabinet médical, magazines à disposition et personnes assises en attente de leur rendez-vous. C'est la première fois que nous vivons une telle situation et nous avons, l'un comme l'autre, une appréhension face à ce qui nous attend.
Ce premier contact est en fait l'occasion, pour l'une des collaboratrices de l'administrateur judiciaire, de nous expliquer ses exigences pour les rendez-vous suivants. Chaque vendredi, il nous faudra lui présenter une position de trésorerie équilibrée, prenant en compte les factures réglées par nos clients et les règlements que nous devons faire à nos fournisseurs. Pour ceux-ci, il nous faudra apporter les chèques, signés par Dubois, mais que l'administrateur judiciaire signera aussi, seule sa signature à lui faisant foi. La collaboratrice exige également une situation comptable intermédiaire de quatre mois au terme de la première période d'observation visée par notre expert-comptable.
Sur le document où nous devons déclarer notre trésorerie, une ligne qui m'interpelle : « GOD »... qui ne signifie pas « Dieu », mais Garanties Ordinaires Diverses ! Je me renseigne… c'est la provision à doter pour les frais de l'administrateur judiciaire, fixée à 10% de nos encaissements. Autant dire une somme exorbitante pour une société en reconstitution de trésorerie ! La bouffée d'air attendue est

dès le départ consommée. Puisqu'il nous faut bloquer 10% des encaissements pour payer l'administrateur judiciaire, nous ne voyons pas d'autres solutions que de les minimiser en habillant les relevés bancaires. Sinon, c'est la mort assurée de la société par asphyxie financière ! Ce rendez-vous contrarie Dubois, qui n'aspire qu'à une chose, vaquer à ses occupations habituelles comme si de rien n'était. Je comprends dès lors, les vendredis, il m'appartient désormais de me rendre seul à ce rendez-vous hebdomadaire et d'y représenter la société. Quelle latitude accordée à quelqu'un qui vient à peine de démarrer, en période d'essai et de plus, découvrant cet univers !

Le rôle joué par l'administrateur judiciaire

L'administrateur judiciaire nous autorise à conserver tous nos contrats eau, électricité, téléphone et notre bail des locaux. Mais côté banques, c'est autre chose : il nous ouvre des comptes chez celles qui ont l'habitude de travailler avec son étude. Nous n'avons plus aucune liberté de négocier nos tarifs bancaires. La mention RJ, « Redressement Judiciaire », figure désormais sur nos souches de chèques, nous pointant ainsi du doigt.
Quelques années plus tard, je croiserai par hasard un des banquiers partenaires de l'administrateur judiciaire. Etrangement, il semblera amnésique sur son rôle joué pendant la période d'observation. Si l'on en juge par cette réaction, il n'est probablement pas avouable de faire état de ce genre de partenariat.
La notoriété de notre administrateur judiciaire dépasse sa frontière géographique. Lors d'un diner partagé avec des amis sur la côte normande, j'évoque son nom quand, tout à coup, un client du restaurant se retourne et me dit : « *moi, monsieur, il m'a liquidé deux fois…* ». Il s'est fait une réputation en « optimisant » ses honoraires. On peut donc comprendre que ce directeur d'agence bancaire n'ait pas très envie de faire savoir son partenariat avec lui. En attendant, son agence tire parti des flux ! Ah ces banquiers ! Demandeurs quand il s'agit de dynamiser les flux, mais nettement moins partants pour assumer leur responsabilité !

L'administrateur judiciaire nous octroie également de nouvelles lignes de concours « Loi Dailly » (*). Nous en avons un besoin vital pour d'obtenir du cash. Le principe est simple : il permet d'être payé plus rapidement et de ne plus attendre les 60 jours contractuels dont dispose le client pour nous payer. Il nous suffit d'adresser à l'établissement financier nos factures clients et nous recevons dans de courts délais l'argent correspondant. Bien évidemment, la mise en place de ce moyen de financement impose un formalisme strict et entraîne des frais financiers.
L'administrateur judiciaire nous fait confiance, il nous laisse nos moyens de paiement, en particulier nos chéquiers. L'air de rien, c'est très important car je peux ainsi préparer sereinement nos chèques pour nos fournisseurs avant de venir au rendez-vous « du vendredi » et minimiser ainsi le temps passé à l'étude. Ce n'est pas le cas de beaucoup d'autres sociétés qui doivent tout faire sur place dans la précipitation. Je vous laisse imaginer comment est alors malmenée cette notion de temps si chère à un entrepreneur !!! Nous ne sommes donc pas les plus à plaindre.
L'administrateur judiciaire signe nos demandes de chèques après avoir vérifié que nous satisfaisons aux conditions de forme et de fond de la position de trésorerie. Nos anciens comptes sont encore mouvementés par des règlements de nos clients et nos anciens établissements bancaires adressent désormais directement nos relevés à l'administrateur judiciaire, qui nous les transfère ensuite. Un intermédiaire de plus dans le circuit, il est donc compliqué, dans ces conditions, de tenir une comptabilité à jour. Comment savoir en temps réel quel client relancer sans risquer de faire un impair ? Quelle TVA déclarer au 20 du mois ?

Aucune liberté laissée à la société pour ses contrats

Dans la même veine, le dépôt de bilan a entraîné la résiliation de nos contrats d'assurance (responsabilité civile, décennale, flotte automobile). L'administrateur judiciaire nous rapproche d'un courtier. Celui-ci s'en remet au bureau central de tarification qui

nous impose un assureur. C'est ainsi, en cas de procédure de redressement judiciaire.
Là encore, impossible de négocier les tarifs : nous devons payer nos primes d'assurance, sans avoir notre mot à dire. Pourtant, à l'image des tarifs bancaires, c'est un des leviers dont on se sert souvent pour rationaliser les frais généraux. Nous ne le pouvons plus.
Avant de démarrer un travail de fond, il me faut comprendre ce qui s'est réellement passé, comment cette PME que j'intègre, en est arrivée à cette situation.

Un dépôt de bilan qui laisse pantois

Rien ne présageait le dépôt de bilan de novembre, qui plus est avec un montant de passif aussi conséquent (644 000 €). A rapprocher du chiffre d'affaires de la société (2 200 000 €), un tel ratio de dettes aurait dû nous condamner irrémédiablement.
Pourtant, l'entreprise avait présenté jusqu'alors des bilans bénéficiaires, y compris sur le dernier exercice. Le milieu bancaire lui avait renouvelé sa confiance, elle était couverte par une bonne cotation attribuée par la Banque de France, institution régalienne. Elle pouvait donc compter sur des facilités de financement (concours bancaires (*), facilité de caisse (*) et autorisations de couverture de crédit (*) auprès de nos distributeurs de produits électriques. La Société Française des Assurances Crédit, se portant garante de bon nombre de nos fournisseurs, avait maintenu ses engagements.
Sur la dernière année, la société avait honoré sans problème ses trois premiers acomptes de l'impôt sur les sociétés. Tous les indicateurs économiques financiers étaient au vert. Les problèmes de trésorerie n'ont surgi qu'il y a deux mois, en octobre. Impossible tout à coup pour la société de payer sa cotisation Urssaf de septembre, devenue exigible. Or, l'Urssaf est sans conteste le créancier le plus sensible, il a le pouvoir d'assigner l'entreprise en procédure collective pour défaut de paiement.

La situation financière s'est très vite dégradée par la suite. Dubois a bien tenté de cautériser l'hémorragie en payant l'Urssaf avec son compte courant personnel. Tentative à fonds perdus, il ne pouvait pas reproduire le même effort pour les acomptes et les salaires du mois de novembre ! Dubois n'avait plus d'autre solution que de déposer le bilan auprès du Tribunal de Commerce.

La vérité, toute la vérité sur le dépôt de bilan

88% du chiffre d'affaires est réalisé avec « L'institution », un établissement bancaire bien connu sur la place. Un poids énorme qui joue au final en défaveur de notre PME. Risquer de ne plus être consultés lors des prochains appels d'offre lancés par « L'institution » est tout simplement inenvisageable. Perdre ce client serait une catastrophe et le fait de figurer sur la liste restreinte d'entreprises systématiquement consultées ne suffit pas à rassurer Dubois. Ce mono-client doit être préservé, coûte que coûte. Alors, il lui concède, par exemple, des remises commerciales substantielles sur les travaux supplémentaires qu'elle demande, ne lui facture pas certaines prestations et choit certains ordonnateurs de travaux.
L'expert-comptable a bien demandé à de multiples reprises une comptabilité analytique par projet, mais en vain. Pourtant, ce mode de présentation des comptes aurait fait apparaître de façon criante un manque à gagner pour ce gros client et aurait alerté.
Après analyse, les autres causes de la cessation des paiements s'avèrent des plus classiques. Tout d'abord, des frais de personnel beaucoup trop élevés au regard du chiffre d'affaires réalisé. Le poste « encadrement » pèse trop lourd : l'équipe dirigeante de la société est trop nombreuse (Dubois, dirigeant salarié, entouré du directeur technique, de trois chargés d'affaires et deux secrétaires dont Mme Dubois) ; leurs salaires, les rémunérations mais aussi les accessoires de salaire, alimentent les frais généraux. Pour preuve, le dossier de prise en charge du licenciement économique du directeur technique par les assurances de garantie des salaires pose problème : sa rémunération dépasse de beaucoup le plafond que les Assedic

l'assimilent à un mandataire social (*). Nous contestons cette position car il ne détient aucune participation dans le capital social (*) de la société et son indemnité s'en trouve plafonnée. Avec la complaisance de Dubois, ce salarié profitait allégrement de son statut et de sa liberté d'action pour mener grand train, se faisant rembourser ses indemnités kilométriques au barème d'une berline de luxe, le must de l'époque. Tout le monde y trouvait son compte. Mme Dubois, elle, percevait un salaire de cadre pour une fonction de secrétaire en complément de sa retraite bancaire. On se serait cru en temps d'opulence, comme dans les années fastes. Cette situation ne pouvait perdurer !

Pour amplifier encore le phénomène, Dubois a autorisé et couvert les pratiques de M. Martin à qui il voue une confiance sans limite. Celui-ci, un des trois chargés d'affaires de l'entreprise, choit ses clients... un peu trop ! L'un d'eux, par exemple, a eu son patrimoine immobilier remis à neuf sur le plan électrique... aux frais de la société. Tout le personnel, est au courant, participant bien malgré lui, à l'exécution des travaux. Martin a tenté de se justifier, prétendant ces travaux pris en compte dans ses devis. Jusqu'alors qui pouvait le contredire sans suivi financier de projet ? Mais il a de plus en plus de mal à le faire. L'appétit venant en mangeant, c'est bien connu, certains de ses donneurs d'ordre se montrent de plus en plus exigeants, le harcelant au quotidien quand leur demande n'est pas satisfaite assez vite. Il faut la réorganisation de notre principal client, « L'institution », pour faire perdre à certains de ces interlocuteurs leur pouvoir d'engagement ; d'autres ont été placés sur une voie de garage en attendant leur départ anticipé en préretraite. Le système mis en place s'écroule de lui-même, mais il en reste des traces. Nous nous retrouvons, dans nos comptes, avec des dépenses sans contrepartie. Il est absolument hors de question que je cautionne de telles pratiques. Ce n'est ni plus ni moins qu'une corruption institutionnalisée ! Je ne cache pas mon opposition et dénonce ouvertement ces procédés dans des courriers circonstanciés adressés aux conseils de la société et à Dubois. Ils resteront sans suite. Il me faudra deux ans de gérance pour mettre un terme définitif à ce que je considère comme inadmissible.

Méthodes de travail pour le moins surprenantes et singulières

Je découvre que les travaux réalisés au siège de « L'Institution » sont régularisés plus que tardivement par des ordres de service. Ce qui revient à dire que la société travaille sans commande formalisée. Aussi hallucinant que cela puisse paraître, Martin attend en fait l'exécution des travaux pour établir ce qu'il appelle ses « devis » ! Il récupère en effet les attachements de ses chefs d'équipe, les intègre dans ses devis et les adresse à ses référents qui passent donc commande… de travaux déjà réalisés. Cette façon de faire rien d'autre que de l'enfumage. Martin se contente de recopier les données techniques transmises par ses chefs d'équipe présents au siège de « L'Institution ». Ces derniers sont suffisamment compétents pour conduire les travaux seuls, répondre à la demande du client et remonter les informations techniques exploitables. La seule plus-value apportée par Martin est de distiller intelligemment dans certains devis le coût des cadeaux offerts à ses « hôtes ».
Cette méthode de travail pour le moins singulière a pour effet de retarder fortement l'émission et l'envoi de nos factures « travaux ». En effet, on ne peut facturer qu'après avoir réceptionné les ordres de services, mentionnant un numéro d'affaire, synonyme d'une ouverture de budget. Il en découle, pour Martin, un poste de travaux exécutés en attente de régularisation significatif, dénommé sur un plan comptable « travaux en cours ». Les règles de la comptabilité imposent de retenir ces travaux au prix coûtant, la marge étant dégagée lors de la facturation totale de l'affaire.
Le plus ahurissant est qu'un doute subsiste sur la réalité des « travaux en cours » communiqués par Martin. Correspondent-ils à des travaux exécutés complètement ou à l'addition de toutes ses commandes clients réceptionnées. Si ce n'est pas clair dans l'esprit du chargé d'affaire, cela l'est encore moins pour ses interlocuteurs

que nous sommes, qui demeurons dans l'expectative. Ce mode de comptabilisation en dit long sur la gestion d'entreprise, de l'aveu même de l'expert-comptable : « *de la bouillabaisse* ». Ce problème de compréhension n'est pas sans conséquence, il en découle un chiffre d'affaire surestimé. Nous sommes bien éloignés de la gestion en bon père de famille que je pensais trouver.

Ce retard de facturation ajouté à un délai de paiement oscillant entre 70 et 90 jours après la date de facturation, nous conduit à faire financer, dans le cadre des concours Dailly, la quasi-totalité de nos factures à « L'Institution »... par « L'Institution », considérée dès lors comme un établissement bancaire. Car le délai financier de 70 à 90 jours est intenable, aucune autre solution n'est possible. Cette facilité de financement a masqué les difficultés économiques de l'entreprise. La seule chose pour laquelle on peut être rassuré est que les créances seront honorées s'agissant d'une banque, c'est du « bon papier », pas de risque de faillite.

Fin 1995, les capitaux propres (*) passent sous la barre de la moitié du capital social. C'est un signe d'alerte. La société est contrainte de différer le délai de règlement de ses fournisseurs : il était de 125 jours l'an dernier, il est désormais de 157 jours. Cela me fait froid dans le dos quand je pense aux petits fournisseurs qui nous ont fait confiance.

La vérité est que la situation financière est fragilisée depuis au moins deux ans, l'entreprise arrivant à peine à couvrir les dettes d'exploitation. Elle en est arrivée à un point tel qu'il lui faut recourir à un financement par crédit-bail (*) pour acheter le moindre outillage, une table traçante et des marteaux piqueurs, assimilés à du consommable. Il faut se rendre à l'évidence : un tel montant de passif ne peut pas avoir été généré sur une seule année 1995.

La société ne procède à aucun calcul de coût de revient préétabli, à aucun suivi de ses temps d'exécution ou de son matériel. Elle n'a pas de comptabilité analytique qui aurait permis la détermination des encours. Ces absences de contrôles freinent également une connaissance précise des résultats des chantiers. Autre témoin de

cette insuffisance de rigueur dans la gestion : l'évolution incohérente des charges d'exploitation rapprochées du chiffre d'affaires. Le coût des matières premières passe de 25% du chiffre d'affaires en 1993 à 44% cette année, jouant au yoyo ! Que dire d'une telle variation ? Quelle crédibilité peut-on accorder à une telle amplitude ? Si les résultats d'exploitation se sont dégradés, avec une baisse de
600 000 € sur douze mois d'activité, ce n'est pas la faute d'une productivité du travail tout à fait correcte, dédouanant le personnel mais celle d'un poste « matières premières » coûteux et posant interrogation : le matériel arrive-t-il à bon port sur les chantiers ? L'arrêté comptable révèle au final des chantiers non rentables.

Pour faire bonne figure, il faut désigner un bouc émissaire

Dubois reporte la responsabilité du dépôt de bilan sur M. Garnier, un autre de ses chargés d'affaires, m'expliquant que ses problèmes personnels ont eu une retombée sur son travail. Les autres chargés d'affaires dont fait partie Martin s'en sortent à bon compte. L'expert-comptable me demande au pied levé de sortir les chantiers suivis par Garnier et de constituer en quelque sorte un dossier à charge contre lui. Je reprends donc ses chantiers, lui affectant les débours d'heures récupérés des feuilles de pointages et les achats de matériel suivant les bons de livraison. Je rapproche ces dépenses de l'état d'avancement de ses chantiers. Je fais ce travail sans partir d'une comptabilité analytique. Autant dire qu'il me faut beaucoup d'improvisation et d'extrapolation, ce qui me contraint, moi qui défend la rigueur, à une recherche d'objectivité des faits. C'est peine perdue. Je dois m'exécuter. L'administrateur judiciaire a besoin de ces informations pour déposer son rapport auprès du Tribunal de Commerce. Difficile de ne pas se rendre compte à l'évidence que l'activité de Garnier est limitée en termes de chiffre d'affaires et de nombre de chantiers et ne peut à elle seule expliquer la perte abyssale de l'entreprise sur l'exercice 1995. Un écran de fumée pour détourner l'attention !

Poursuivis en justice… et au final, disculpés.

Le mandataire de justice (*), représentant des créanciers, doit arrêter le passif de la société. Cela passe par la validation de ce qu'ont déclaré nos organismes sociaux, nos banquiers et nos fournisseurs comme créances que nous leur devons. Il nous convoque à son étude, maison bourgeoise, et nous installe sous les combles. Autour de nous, les armoires sont pleines de volumineux dossiers de procédures. Nous prenons connaissance des créances soumises à notre approbation.
Et quelle n'est pas ma surprise de découvrir que la Caisse de Retraite de « L'Institution » a engagé une procédure judiciaire contre nous. Elle nous tient pour responsable d'un sinistre survenu en 1993 à son siège suite aux travaux réalisés. Notre responsabilité est engagée pour un montant qui approche les 630 000 € ! De quoi effrayer ! Bien évidemment, nous sommes couverts par notre ancien assureur mais ce sinistre et la procédure en cours peuvent nuire à notre image. Sans parler de nos relations commerciales avec ce poids lourd de notre clientèle.
On s'était bien gardé de m'en informer. Après questionnement et recherche d'éléments, j'apprends que la société est intervenue en sous-traitance. Un expert avait été nommé pour cette affaire mais n'avait rien pu constater, la Caisse de Retraite de « L'Institution » ayant aussitôt engagé des travaux de réfection. Il avait rédigé son rapport en procédant par déduction. Dans ces conditions, le procès est parti pour s'éterniser. Les assurances du client cherchent à faire reposer la responsabilité sur toutes les entreprises ayant intervenu, certaines ayant été liquidées où rachetées depuis. Les recours perdureront jusque dans les années 2000, date d'un arrêt de la Cour d'Appel qui mettra hors de cause notre société. Une excellente nouvelle car, jusque là, le litige pèsera sur nous comme une épée de Damoclès, avec des audiences, des significations d'assignations et une provision pour dommages faisant exploser le montant du passif

provisoire. Il en est fait publicité sur les documents officiels du Greffe.
Quant aux créances présentées par les organismes sociaux, nous sommes plus que vigilants. Ils les déclarent à titre provisionnel. Nous leur opposons nos cotisations arrêtées la date de cessation des paiements calculées au prorata. Nous adoptons la même attitude à l'égard des crédits baux avec une notion d'échu et non échu. Ce travail de vérification est l'une des trop rares occasions où nous avons notre mot à dire, en faisant valoir nos contestations motivées auprès du mandataire représentant des créanciers. Les honoraires de celui-ci dépendant du montant et du nombre de créances, voit d'un mauvais œil trop de rectifications.

Le passif de la société se dessine à plus de 700 000 €

Le passif de la société se décompose en trois catégories de créances : super privilégié, privilégié et chirographaire (*).
Le « super privilégié » regroupe tout ce qui concerne les salariés, ce sont eux que la législation protège en premier lors d'une cessation de paiements de l'entreprise : les salaires de novembre, les préavis et les indemnités de licenciements économiques, le coût des conventions de conversion. Toutes ces créances salariales, qui se montent à plus de 55 000 euros, sont avancées par le Fonds de Garantie des Salaires. Nous avons dix-huit mois pour rembourser ce passif « super privilégié », sans possibilité d'en discuter le délai.
L'expert-comptable profite d'un ultime report d'audience de quatre mois accordé par le Tribunal de Commerce pour me faire modifier les bordereaux sociaux, Urssaf, Assedic et Caisses de retraite. La correction consiste à rattacher à postériori au passif de la société, arrêté à la date du dépôt de bilan de novembre 1995, le coût des cinq licenciements économiques supplémentaires auxquels nous avons été contraints de procéder en juin 96. Cette manœuvre a pour finalité de soulager les coûts de l'entreprise, mais elle reste culotée. Elle montre à quel point l'expert-comptable, certainement pour se faire « pardonner » de ne pas avoir vu venir le dépôt de bilan, se fait

un point d'honneur de défendre les intérêts de la société. Qui dit « moins de charge », dit « pas de sortie d'argent et une trésorerie préservée pendant la période d'observation ». Nous sommes couverts par sa décision. Je comprendrai vite par la suite l'influence qu'à cet homme auprès du Tribunal de Commerce.
De concert avec l'administrateur judiciaire, nous effectuons des simulations qui comparent le cash prévisionnel et ce que nous avons à payer en parallèle pour le fonctionnement courant de la société et l'apurement de son passif. Cela nous conduit à émettre aux créanciers privilégiés et chirographaires la proposition suivante : les régler à hauteur de 60% sur cinq années. Je réalise à quel point notre passif est dispersé : pas moins de quatre-vingt créanciers sont concernés, je n'en crois pas mes yeux. Ils sont très peu à répondre favorablement à notre proposition, la grande majorité s'abstient. En faisant abstraction de ce que nous devons à la caisse de « L'Institution », puisque nous le contestons, des déclarations de certains organismes sociaux qui sont encore à titre provisionnel, le passif à apurer dans le cadre du plan s'élève en réalité à 700 000 €. C'est ce que nous apprend le représentant des créanciers.

Une conjoncture très difficile amène à débusquer de nouvelles économies

Notre activité bancaire sur l'année 96 est très faible. La société doit à nouveau tailler dans ses coûts. Reprenant les préconisations du Tribunal de Commerce qui font écho à la demande de l'administrateur judiciaire, je réussis à convaincre Dubois qu'il faut mettre son épouse en retraite. Une économie générée appréciable, des méthodes de travail dépassées, une opposition systématique aux décisions de Dubois, telles sont les raisons avancées par l'administrateur judiciaire pour son départ. Selon lui, Mme Dubois se mêle des affaires de la société à tous les niveaux, administratif, comptable, relation avec les tiers, et cela freine le redressement de l'entreprise. Si son départ me parait nécessaire sur un plan économique, je suis moins catégorique sur un plan humain. Elle est, à mon avis, l'une des rares personnes clairvoyante et lucide sur la situation. Mais, manifestement, cela dérange.

Gagner en indépendance à l'égard des concours Dailly

« Les dépannages bancaires » (*) sont matérialisés par des bons d'attachement (*) signés par nous-mêmes et par les donneurs d'ordre. Les factures ne souffrent donc d'aucune contestation possible. Leur délai de paiement est inférieur à un mois. Nous mettons tout en œuvre pour envoyer nos factures « dépannages » sans retard. Je fais même la facturière les trois premières semaines qui suivent mon embauche car nous avons en effet à disposition avec ça un effet de levier pour renflouer notre trésorerie. Le cash récupéré consolide l'encours disponible existant au début de la procédure de redressement judiciaire. Aidée par le gel des dettes, antérieures au dépôt de bilan, la trésorerie de l'entreprise enregistre un fort excédent. Nous allons pouvoir, grâce à l'ouverture de la procédure collective, financer l'exploitation de la société, ce qui était d'ailleurs le but recherché. En corrélation, nous ne sollicitons nos lignes Dailly que pour moitié de ce qui nous est autorisé. Les frais bancaires seront en diminution, améliorant notre résultat comptable. C'est également une bonne chose car y recourir massivement laisse toujours entrevoir des difficultés de trésorerie dans l'esprit de nombreux donneurs d'ordre.

Je me comporte en véritable « cost killer »

Je cherche toutes les économies possibles. Après en avoir informé Dubois et face à son immobilisme, je stoppe les loyers que la société paye à des sociétés civiles immobilières pour des garages et des terrains situés sur la commune et qui lui appartiennent. J'arrête également le paiement de la location gérance du fonds de commerce. Pour finir, je n'alimente plus le contrat super retraite de Dubois.

Je considère toutes ces dépenses au bénéfice du dirigeant comme somptuaires et en totale inadéquation avec la gravité de la situation que vit l'entreprise. Le conseil juridique n'a pas d'autre commentaire que de me reprocher le non-respect des conventions en vigueur. Il a raison, je ne les respecte pas, mais le sauvetage de la société m'apparaît prioritaire et fédérateur. Toujours dans le même esprit, je supprime l'allocation d'indemnités kilométriques allouées à Dubois et Martin. Il n'y a pas de petites économies dans de telles circonstances. Mon obsession est d'optimiser le bénéfice de la société afin de conforter sa capacité d'autofinancement de manière à couvrir les échéances annuelles du passif et permettre, si un surplus est dégagé, d'assurer un minimum d'investissements. Il faut qu'on se le dise, j'assume une gérance de fait dorénavant de la société.

Enfin un suivi financier par projet finit par sortir

Je mets en place une comptabilité analytique informatisée. J'établis les paies me permettant de contrôler ainsi comment et à qui sont imputées les heures sur les chantiers. Concernant le secteur dépannages, mon travail est facilité par l'information donnée par les attachements. Les heures et le matériel y figurent distinctement. Je dispose de tous les éléments pour mesurer la rentabilité de ce secteur, constater (ou pas) un retard de facturation et réajuster annuellement notre tarification horaire de vente et de déplacement. J'obtiens une information assez fiable de la part du chargé d'affaires qui a en responsabilité les agences bancaires. Je peux recouper l'information avec ce que me disent ses chefs de chantier. Les bons de sortie du matériel me remontent, les pointages sont complétés chaque semaine. Concernant le secteur de Martin, les choses sont moins simples. Une équipe de sept à huit monteurs, ainsi qu'un stock de matériaux, sont affectés en permanence au siège de « L'Institution ». Dans ces conditions, j'éprouve les pires difficultés à démontrer que ce pan d'activité est rentable, d'autant que je ne peux pas compter sur la rigueur de Martin qui ne se plie même pas aux exigences de l'administrateur judiciaire en termes de suivi de projet. Dans une note écrite, celui-ci finit par demander le licenciement de Martin s'il continue à ne pas appliquer ses directives.

Tentatives non transformées pour trouver de nouveaux clients

L'autre défi à relever, et non des moindres, porte sur la nécessité absolue de diversifier la clientèle. La faible activité de 96 confirme les effets négatifs d'une trop grande dépendance à un seul client. De son côté, « L'Institution » laisse entendre qu'elle va imposer, à brève échéance, des quotas d'activité à ses fournisseurs. Fort heureusement pour nous, nos engagements auprès d'elle ne ressortent pas en lecture directe car nous travaillons pour de multiples directions, cela complique la sortie d'un chiffre d'affaires consolidé. Cela retarde le suivi d'application de la nouvelle règle. Dubois semble se complaire dans cette situation, se raccrochant à ce client historique, convaincu de lendemains meilleurs. Je dois me faire une raison, aucun appui ne viendra de sa part.
Avec audace, je démarche des clients institutionnels, prenant l'exemple d'une entité aéroportuaire. J'obtiens des rendez-vous afin de présenter la société et de mettre en avant son savoir-faire. Par un concours de circonstances, je me présente dans une période où le client est en renégociation de ses marchés car il remet en cause la compétitivité de certains majors abusant trop, à son goût, de leur implantation historique. L'ouverture de ces marchés est une chance inespérée pour la PME que nous sommes. D'autant que, de fil en aiguille, lors d'un échange très ouvert, j'apprends que le responsable de mon interlocuteur travaillait dans le passé au sein de « L'Institution ». Le hasard fait bien les choses. Ce dénominateur commun facilite l'échange et la communication d'informations sur l'organigramme de la plate-forme.
Quelques mois plus tard, l'entreprise est consultée sur une opération de mise en conformité d'éclairages des parkings. Malheureusement, à mon grand dépit, alors que notre offre de prix et notre réactivité, avaient été appréciées par notre interlocuteur, aucune suite n'est

donnée. La société se trouve en procédure de redressement judiciaire et cela fait peur, rendant incertain l'issue de la société. L'action commerciale, qui pourtant laissait présager de bonnes choses, est donc avortée.

Le dirigeant retrouve tous ses pouvoirs

Une période éprouvante, ponctuée d'une très bonne nouvelle

Nous aurions dû avoir une période d'observation de quatre mois renouvelée une fois, soit huit mois au maximum. Dans les faits, nous devons la supporter dix-huit mois. Dix mois de plus qui s'expliquent par le temps que prend le représentant des créanciers à finaliser notre dossier et par des vices de forme dans la procédure. Entre chaque report s'écoulent quatre mois. La période est éprouvante. Nos nerfs sont mis à rude épreuve. Nous passons d'une phase d'espoir à des moments de grands doutes et de désarroi. A chaque renvoi, nous devons communiquer à l'administrateur judiciaire, un compte d'exploitation de la période écoulée, validé par notre expert-comptable. Il doit démontrer notre capacité à être bénéficiaire de façon continue. Lors de l'une de ces échéances, Dubois, mécontent du résultat affiché, me demande de le surévaluer en augmentant le trop célèbre poste « travaux en cours ». Son objectif est de communiquer un bénéfice conforme à ce qu'on attend de nous. Je refuse d'appliquer son instruction. Je suis pleinement conscient que je risque un avertissement pour insubordination.

La demande de Dubois révèle une fois de plus son déni de la réalité. D'un optimisme béat, il est convaincu d'un futur meilleur. Le passé lui donnait jusqu'alors raison, il pense qu'il va continuer à être protégé par sa bonne étoile. Ce qu'il ne veut pas admettre, c'est que nous sommes désormais dépendants de décisions qui relèvent de la compétence du Tribunal de Commerce. De toute façon, si j'avais accepté de « maquiller » les résultats, l'économique n'aurait pas manqué de prendre, tôt ou tard, le pas sur le stratégique. Le résultat artificiellement gonflé n'aurait pas trouvé son équivalence dans les mois à venir en trésorerie. Il aurait fini par être confronté à la réalité. Le poste « travaux en cours » ne doit pas être utilisé comme une variable d'ajustement.

Je m'en tiens à la ligne de conduite que je me suis fixée. Je prépare l'argumentaire que je compte exposer à l'administrateur judiciaire expliquant les raisons d'un bénéfice inférieur au prévisionnel.
« L'Institution » a suspendu ses budgets travaux et le moins que l'on puisse dire est que la période de redressement judiciaire n'est pas propice à engranger des commandes avec de nouveaux prospects, je l'ai déjà éprouvé dans un passé récent. L'administrateur judiciaire ne nous en tient pas rigueur : à mon grand étonnement, le Tribunal de Commerce considère satisfaisant notre chiffre d'affaires pourtant très faible (1 850 000 €), pour un bénéfice d'exploitation étriqué de 40 000 €. Côté passif et plan de continuation projeté, le Tribunal acte d'un abandon de près de 900 000 € de créances, anticipant entre autres notre mise hors de cause dans le procès qui nous oppose à la Caisse de Retraite de « L'Institution ».
Le tribunal valide aussi les comptes prévisionnels : nos capacités de financement sont suffisantes pour rembourser le passif, tant la minorité de créanciers qui ont accepté notre plan à 60% sur cinq ans que ceux qui ont opté pour un paiement à 100% sur huit ans. Sur la base de ces données financières, le Tribunal de Commerce arrête le plan de redressement par continuation de l'entreprise.
Cette décision est une très bonne nouvelle.
Elle récompense les efforts et l'énergie déployés pour sauvegarder les emplois et préserver l'outil. Elle prouve, si besoin en était, qu'avec des convictions, des explications claires et cohérentes, une rigueur d'esprit et une transparence, toute situation, aussi compromise soit-elle de prime abord, est défendable.

Plus qu'une seule mais forte obligation

Dubois recouvre ses pleins pouvoirs. La signature de l'administrateur judiciaire n'est plus nécessaire. Plus besoin, dorénavant, d'assister aux rendez-vous « du vendredi ». C'est un gain de temps précieux et permet enfin de se consacrer à l'essentiel : démarcher de nouveaux clients.

Le Tribunal de Commerce déclare que les paiements du passif sont portables, c'est-à-dire que les créanciers n'ont pas besoin de les réclamer. La société doit verser chaque année entre les mains du commissaire à l'exécution du plan (*) le montant des dividendes. C'est lui qui procèdera à leur répartition entre les créanciers à chaque date d'anniversaire du plan.
Dubois s'en sort à bon compte, il faut certainement y voir une main bienfaitrice. Le Tribunal aurait pu, par exemple, exiger un engagement formel de sa part à respecter le plan

La mise à la retraite de mon dirigeant

Je fais comprendre à Dubois qu'il est impératif de trouver d'autres économies. Le plafonnement de son salaire imposé par le juge-commissaire me parait insuffisant. Dubois a l'âge d'être en retraite. Certes, il fait partie de cette génération dont les trimestres cotisés de début d'activité n'ont pas été validés. Je fais de ce dossier mon cheval de bataille. Dubois et son épouse sont coopératifs et me communiquent des attestations d'embauche et autres bulletins de salaires de l'époque. Je fais donc valider auprès de l'armée sa période militaire, ce qui lui octroie des points retraite. De même pour son premier employeur, une société nationale d'énergie. Il a alors suffisamment capitalisé de points pour faire valoir ses droits à une retraite pleine. Je convaincs Dubois qu'il est inutile de continuer à cotiser au régime général : c'est à fonds perdus, les plafonds sont atteints, il ne gagnera pas plus en retraite.
Cette mise à la retraite permet de faire des économies substantielles et participe à conforter la profitabilité de la société. Dorénavant Dubois travaillera à titre gracieux, seules des notes de frais pouvant lui être défrayées.

L'embauche aux forceps d'une secrétaire digne de ce nom

Mme Dubois vient encore à la société, en tant que bénévole. Le couple n'a manifestement pas de hobbies et se rattache à une présence au travail et à ce relationnel. Elle est d'une génération qui n'a pas pratiqué les logiciels de traitement de texte. Je ne peux pas faire appel à ses services pour mettre en forme mes nombreux courriers et les factures mensuelles. Sa fille se manifeste et vient de temps à autre nous aider. Une entreprise de cette taille impose une organisation et une structuration. Nous ne pouvons pas retarder l'envoi de nos courriers, encore moins de nos factures qui sont source de trésorerie. D'autant que dans notre secteur d'activité, l'entreprise est souvent confrontée à des imprévus ou à des aléas qui demandent une réactivité immédiate.

J'exprime donc le besoin d'avoir une secrétaire compétente à plein temps. Je dois batailler auprès de Dubois pour arriver à mes fins. Je sens la résistance du clan familial. Je finis même par mettre en balance ma démission. Le professionnalisme d'une responsable d'agence d'intérim me permet de trouver la secrétaire idoine, personne jeune, avec une expérience du secteur d'activité. Dubois se résout à accepter ma demande. Une fois embauchée, cette personne s'intègre vite au sein de l'entreprise, se montrant volontaire et efficace.

La diversification de la clientèle : à nouveau, un sujet brûlant

Dubois se montre timoré pour toute recherche de nouveau client, convaincu que « L'Institution » est une source intarissable et sera toujours pourvoyeuse d'affaires. Il n'a pas pris la mesure des changements profonds déjà amorcés par « L'Institution » en interne. Elle a par exemple dénoncé les contrats de maintenance triennaux qu'elle avait avec nous et ne fait désormais appel à nos services que quand une urgence survient. Nous facturons nos interventions à l'attachement. Les contrats nous font perdre une forte valeur ajoutée et déprécie notre fonds de commerce.

Ma fonction de responsable administratif et financier de l'entreprise n'aurait pas dû me conduire à m'intéresser au commercial. J'ai une charge de travail suffisamment lourde, compte tenu du nombre de dossiers à traiter et du contexte, pour ne pas déborder de mon périmètre. Mais la société n'a pas de commercial et n'a pas les moyens d'en embaucher un. Les chargés d'affaire sont trop attachés à notre gros client, « L'Institution », et font preuve d'immobilisme et de frilosité. Je dois me rendre à l'évidence : le travail de certains compagnons mériterait d'être mieux valorisé en technicité. Tous ces constats m'incitent à prendre l'initiative de me lancer dans la conquête de nouveaux clients. Il en va de la pérennité de l'entreprise.

Afin de pouvoir présenter un support de communication mettant en valeur notre savoir-faire au travers de réalisations récentes, je fais appel aux services d'un photographe professionnel, père d'un apprenti. Aidé de ce support de communication, je démarche des donneurs d'ordre ciblés. Je profite des opportunités qui se présentent lors de réorganisations internes. Ainsi, le rapprochement de deux sociétés d'intérim est générateur de travaux avec leur nouveau concept d'agence. Nous participons à la rénovation de quelques agences.

Par ailleurs, nous sommes retenus dans le cadre d'un appel d'offre public pour des travaux de réhabilitation électrique d'un musée parisien, ce qui nous permet de faire la connaissance d'un architecte référencé « monuments historiques ». Nous avions déjà pu montrer notre technicité lors de la réhabilitation d'un autre musée, avec une installation en fibre optique. Ces réalisations confirment le soin que nous apportons à la prestation, y compris dans un environnement de bâtiments classés « monuments historiques » et soumis à de fortes contraintes en termes de protections des ouvrages, corniches, décorations en stuc et autres.

Nous gagnons également un marché dans le neuf avec un contractant général qui livre des bâtiments clef en main à ses clients. Les travaux concernent l'implantation d'une nouvelle unité de filtre à air pour le compte d'un groupe étranger.

Ces réussites me donnent confiance en moi. Elles témoignent que je peux être efficace également sur le plan commercial. L'idée d'une aventure entrepreneuriale germe.

Maintenir coûte que coûte nos qualifications

« E2 C3 », telle était notre qualification « Qualifelec » jusqu'en 1994. Du nom de l'organisme d'habilitation, cette qualification est décernée aux électriciens. Elle est un gage de sérieux et de reconnaissance dans la profession. Le « E » correspond au chiffre d'affaires réalisé par la société et à son effectif. Le « C » est attribué au vu du niveau d'étude de l'encadrement, des formations suivies et des attestations de conformité délivrées par les maîtres d'ouvrage ou les maîtres d'œuvre. Nous avions gagné « C3 » grâce au niveau d'étude du directeur technique et à des prestations réalisées dans le domaine industriel auprès d'entreprises de mécanique de précision, exigeant des compétences en automatisme et en pneumatique. La force de la société reposait sur la proposition d'un cahier des charges détaillé aux vues des discussions avec les clients. Nous apportions une véritable plus-value technique. Le directeur technique contribuait grandement à cette réussite.

Depuis son départ, il faut se rendre à l'évidence, nous ne disposons plus d'une compétence technique équivalente et il faut faire sans lui pour maintenir notre qualification Qualifelec, remise en jeu tous les deux ans. Heureusement, les nouveaux chantiers réalisés pour le compte des Musées de France nous permettent de conserver notre rang. « E2 C3 » est indispensable pour pouvoir prétendre aux appels d'offre. Je dois convaincre Dubois qu'il nous faut aller plus loin et nous démarquer de la concurrence. Ma devise : « nous devons toujours avoir un temps d'avance ». Démarche pas si aisée dans la mesure où je suis confronté à un dirigeant ancienne génération, autodidacte, figé sur les compétences internes de son entreprise et qui porte un jugement hâtif et réducteur sur les formations. Elles sont, selon lui, synonymes de perte de temps et d'argent. Ce qui est faux. Des possibilités de prise en charge partielle peuvent être mises en place par nos organismes paritaires, encore faut-il bâtir un plan de formation en début d'année. Il faut croire que mon argumentation est suffisamment persuasive, il est d'accord.

Comment aller plus loin ? Il nous faut postuler à une certification et donc miser sur un niveau de qualité optimal. Cela signifie mettre en place des procédures internes, un suivi et obtenir de nos clients leurs retours d'appréciation sur nos travaux exécutés. Ce travail est porteur car participatif et interactif, source de progrès. Il répond aux enjeux du moment, à savoir la diversification de notre clientèle et l'amélioration de notre productivité. Autre atout non négligeable, le coût de la formation qualité est partiellement pris en charge par notre organisme de formation, crédibilisant mes propos auprès de Dubois.
Au final, l'entreprise obtient le niveau 2 du référentiel ISO 9000. Cette démarche qualité structure désormais notre fonctionnement au quotidien et à tous les niveaux : le magasinier suit à l'aide d'outils informatiques la traçabilité et le respect des dates de livraison des matières premières par les fournisseurs, nous mesurons l'indice de satisfaction de nos nouveaux clients par leur retour d'enquête, les compétences techniques de chaque salarié sont entrées dans une base de données. Cette certification nous ouvre un panel plus élargi de marchés.

Il faut nous doter de renforts techniques

Je dois renforcer la technicité de la société afin de répondre au cahier des charges des nouveaux clients et être force de proposition et de conseil auprès d'eux. Je n'ai malheureusement pas ce bagage, et cela ne s'improvise pas.
Les chargés d'affaires en place, autodidactes et présentant une spécialisation bancaire très marquée, exercent trop par habitude et automatisme. La société a manifestement besoin d'un technicien ayant évolué dans différents environnements de travail. Il doit posséder une bonne maîtrise des normes qui régissent la profession et des textes en vigueur avec un état de veille permanent. Les recrutements auprès de cabinets spécialisés ne sont pas concluants. Je suis même confronté, pour l'un des candidats, à un profil comparable à celui de nos chargés d'affaire. Il ne sait que reproduire

pour nos études, les ratios de temps unitaires qu'il utilisait au sein d'une grosse structure. Consternant !
J'informe alors notre réseau de grossistes que nous recherchons activement un technicien. C'est efficace. Nous recrutons par ce biais un technicien de bonne réputation. Il vient en renfort du bureau d'études et aide à crédibiliser notre offre de service.
J'ai également recours à deux contrats de qualification de niveau Bac professionnel. Il était important que l'entreprise regagne la compétence technique perdue en 95 avec le départ du directeur technique, l'homme-orchestre du développement de la société pendant une décennie. C'est désormais chose faite. Nous construisons l'avenir.

Des dossiers contentieux au point mort. Inacceptable.

Dans une situation financière aussi tendue, je dois faire feu de tout bois. Je prends en charge les dossiers « litiges clients » : peut-être ramèneront-ils du cash ou à minima, arriverai-je à limiter les interventions d'avocats. Je m'attelle à traiter une injonction à payer que nous avons opposée à un tenancier d'hôtel, suite à des mises en demeure infructueuses pour créance impayée. Nous avions remis en état, l'électricité de ses cinquante chambres courant 90. Les travaux se montaient à 30 000 €. L'injonction de payer lui avait été signifiée début 1992. Pour sa défense, il invoquait des malfaçons et un vice de forme. Après une procédure longue et émaillée de recours, suivie par l'avocat de la société, la Cour d'appel nous donne raison en nous accordant, courant 1996, des dommages et des intérêts. Ils s'ajoutent à la créance originelle. Le conseil de notre client nous propose un règlement mensuel de 1 600 € sur trois ans, ce qui de prime abord apparaît loufoque. Dubois, craignant la liquidation judiciaire, refuse ce délai et exige un paiement au comptant. Je reconnais que la proposition du client paraît non crédible et indécente à l'échelle du temps. Mais à en vouloir trop, nous risquons de tout perdre. Il faut se rendre à l'évidence, pendant quatre années, rien ne s'est passé, la société a continué à engager des

frais d'avocat sans résultat tangible. Pour la première fois, le client, par l'intermédiaire de son conseil, nous soumet une proposition concrète. Nous en restons à ce stade de discussion avec Dubois jusqu'à ce que je décide de prendre à bras le corps ce dossier.
Nous éprouvons de nombreuses difficultés à faire appliquer notre titre exécutoire. Afin de préserver nos intérêts, je demande donc à notre avocat de prendre un nantissement (*) sur le fonds de commerce, et seulement sur lui puisque le bien immobilier n'appartient pas aux exploitants de l'hôtel.
Pour autant, les remboursements suivant l'échéancier proposé par le client lui-même ne nous parviennent toujours pas et le dossier est au point mort. Je reprends les premiers chèques que le client nous a adressés, trouve ainsi le nom de sa banque. Avec un certain culot, je la contacte pour obtenir confirmation que les gérants de l'hôtel disposent toujours d'un compte chez eux. La secrétaire, bien que soumise aux règles de confidentialité, reconnait implicitement l'existence de ce compte. Je me dépêche de faire procéder à une saisie attribution du compte. Dès lors, notre client se voit contraint de respecter scrupuleusement l'échéancier qu'il a défini lui-même, et ce, jusqu'à son terme.
L'efficacité de la procédure permet la reprise comptable de la provision « client douteux » sur l'exercice 2000. En effet, quand il y a ainsi une forte probabilité qu'une créance client ne soit pas payée, les règles comptables recommandent la constitution d'une provision pour client douteux à hauteur de la créance impayée (en hors taxes). Pour complément, nous encaissons les intérêts de retard capitalisés au taux d'intérêt légal, soit un complément de 16 000 € figurant en produit exceptionnel, non négligeable en ces temps de disette.
J'éprouve une satisfaction intérieure d'avoir réussi à mener à bien ce dossier bien mal engagé. La société en a tiré profit. Cet exemple met bien en évidence que l'audace finit souvent par porter ses fruits, qu'aucun dossier litigieux n'est perdu d'avance et qu'il ne faut pas se laisser anesthésier par des conseils, aussi renommés soient-ils. Trop souvent, ces derniers privilégient des dossiers plus rémunérateurs,

plus valorisants en termes d'image et d'aura et n'accordent que peu de temps aux autres dossiers. Manifestement, ils n'ont pas la même échelle des valeurs et de temps que le chef d'entreprise.
J'interroge l'avocat, pour comprendre ses factures d'honoraires au montant forfaitaire, établies sur la base d'unités de temps. Tenu de répondre, il le fait sèchement. Là encore, à l'image des professions de conseils, règne, tout au moins pour certains, une certaine opacité sur le coût détaillé de leurs interventions et sur ce que recouvre réellement leur prestation. La question ne devrait même pas se poser, l'information devrait être limpide.

Un aléa qui aurait pu conduire à une situation catastrophique

Un sinistre important survient au siège de « L'Institution » courant 1998. Nous connaissons très bien les lieux pour y avoir réalisé de nombreux travaux électriques. Nous nous sentons solidaires et il est décidé que le personnel va prêter main forte aux secours. Il faut pomper l'eau qui s'est répandue dans les sous-sols. Celui-ci regorge d'objets de valeur entreposés souvent depuis des générations. D'où notre intervention d'urgence au pied levé, durant un week-end. La direction de « L'Institution » nous témoigne d'une marque de sympathie et de sa reconnaissance par un courrier de remerciement destiné à l'ensemble du personnel de la société.
Un fait étonnant à relever. Malgré l'étendue et la propagation du sinistre, des œuvres d'art exposées au sein de « L'Institution » ont pu être sauvées in-extremis. Ces œuvres entraient dans le cadre d'une opération de mécénat. Je reste dubitatif. D'autant qu'afin de libérer totalement les lieux, les archives qui ont pu être préservées sont transférées sur un site en province, qui connaîtra à son tour quelque temps plus tard le même sort. Troublantes coïncidences ? Malédiction ?
Toujours est-il que les services informatiques de « L'Institution » sont fortement endommagés et ne sont plus en capacité, au moins pour quelque temps, d'émettre des commandes. Et si nous ne

recevons plus de commandes travaux, nous ne pouvons plus facturer, ce qui fragilise un peu plus encore notre trésorerie.
Il faut réagir et vite ! Je suggère à Dubois de prendre rendez-vous d'urgence avec la direction des achats de « L'Institution », mais fidèle à lui-même, il ne se décide pas. Entre-temps, Martin, informé, le dissuade au contraire de prendre rendez-vous. A-t-il peur de quelque chose ? Pourquoi cette attitude purement suicidaire !
Là encore, je décide de forcer le destin. Je prends rendez-vous et demande à Dubois de m'accompagner. Pour ce rendez-vous qu'il appréhende tant, il retrouve finalement de vieilles connaissances, ce qui le met tout de suite à l'aise. Il est enjoué et du coup, l'entretien tant redouté avec le responsable des achats se déroule dans de très bonnes conditions. Un dialogue constructif s'instaure et est même ponctué d'un déjeuner. A l'issue de l'entretien, je rédige, sur les conseils de notre interlocuteur, un courrier concis et motivé pour demander une régularisation rapide de nos commandes travaux à la haute direction. Je sollicite aussi des délais de paiement plus courts pour nos factures. Dans les semaines qui suivent, notre demande est entendue, nous pouvons à nouveau facturer au plus vite nos prestations avec des numéros de commandes provisoires que nous communique « L'Institution ». Des rentrées d'argent alimentent à nouveau la trésorerie, ce qui est bien là, l'essentiel. Nous sommes passés tout près d'une catastrophe qui aurait, sans intervention, irrémédiablement scellé le sort de notre société.

Une période à savourer : tous les clignotants sont au vert

La persévérance a fini par payer. L'entreprise a restauré un climat de confiance avec son principal client et cela se traduit dans les faits : nous obtenons un marché de migration de câblage informatique en région. Cette prestation mobilise une dizaine de salariés, détachés en équipe et en grand déplacement. Bien organisée, cette opération est profitable pour l'entreprise.
Les bilans 1997 et 1998 affichent des résultats satisfaisants. Nous réalisons un chiffre d'affaires de 2 600 000 € pour 1997, générant un

résultat net comptable de 180 000 €. L'année suivante, l'activité est en repli avec un chiffre d'affaires de 2 100 000 €, pour un résultat net comptable de 90 000 €, mais cela reste satisfaisant. Nous remboursons l'intégralité de notre passif « super privilégié » et honorons notre premier dividende des passifs « privilégié » et « chirographaire ». La société connait une période faste qui rend le dirigeant euphorique. Ma crainte est que Dubois ne retombe dans ses travers et ne redevienne dispendieux.

Une gérance de fait assumée, en prêtant attention de ne pas marcher sur ses plates-bandes

Même si j'ai pris beaucoup d'assurance dans mon poste, il n'en demeure pas moins que j'ai un profond respect pour la hiérarchie et que je ne peux m'opposer en permanence à Dubois sur bon nombre de sujets. Le fonctionnement de la société est loin d'être optimal. Je constate chaque jour le passage au siège d'une partie du personnel. Motif : récupérer leur matériel au magasin. Cette façon d'opérer est une démarche habituelle d'entreprises familiales qui n'ont pas évolué avec le temps. Le dirigeant, en patriarche, a besoin de marquer de son autorité, il lui faut être vu et se faire entendre. Les effets sur le personnel sont peu visibles. Par contre, le passage par l'entreprise entame irrémédiablement les journées de travail, de façon d'autant plus prégnante que l'on est le dernier servi. Dans la foulée, il faut rejoindre son chantier, démarche contrariée par le trafic ambiant. Le temps perdu dans la circulation est chronophage. Il y a donc un gisement potentiel d'économies à portée de main.
Je ne peux pas m'approprier l'activité favorite de Dubois, les achats, pour laquelle la présence d'un magasinier ne l'empêche pas de vouloir toujours prendre les choses en main. En témoignent les longs échanges téléphoniques de Dubois avec nos correspondants chez les grossistes. Il renégocie toute demande de matériel, aussi infime soit-elle. Son bureau est jonché de factures pro-forma, d'autant plus nombreuses que nos fournisseurs sont multiples et

dilués. En premier constat, après maintes surenchères et coups d'esbroufe, j'admets qu'au final, il obtient une meilleure offre. Par contre, avec sa méthode, impossible d'intégrer des impératifs de temps ou de délai. Il en ressort des livraisons partielles de matériaux, retardant inexorablement l'exécution des travaux. En fin d'année, pensant profiter de bons coups, Dubois se lâche, achetant des fins de série qui gonflent le stock et encombrent l'atelier. Ce dernier est déjà passablement encombré par des retours de chantiers. Ces articles connaissent une rotation faible, augurant de leur dépréciation à venir, voire même de leur obsolescence.
Les grossistes, trop contents de voir leur entrepôt se vider, lui sont reconnaissants et lui offrent de beaux cadeaux. Alors qu'il faut se rendre à l'évidence, ces professionnels sont déjà suffisamment structurés pour livrer le matériel courant sous quarante-huit heures directement sur les chantiers. Le type d'organisation que perpétue Dubois est complètement dépassé. Avec ce sujet, je décèle un gisement d'économies en termes d'heures important et qui serait le bienvenu pour améliorer la productivité.

Une gestion du parc automobile calamiteuse

Le deuxième sujet cher à Dubois est la gestion de la flotte automobile. Celle-ci est composée de véhicules utilitaires vieillissants, aux cadences de roulage éprouvées et qui ont fait leur temps. Le parking de la société est parsemé d'épaves en tous genres, c'est un véritable cimetière, une casse. Fort heureusement, la société n'a pas vocation à recevoir les clients. Dubois, très conservateur, argumente que nous avons ainsi à disposition des pièces mécaniques pour procéder à des échanges standards sur des véhicules qui tomberaient en panne. Il contraint le garagiste à agir suivant ses recommandations.
Mais nous perdons un temps précieux avec des pannes récurrentes. La perte de productivité et le coût d'intervention des dépanneuses deviennent significatifs. Les salariés ne se sentent plus en sécurité dans leur véhicule. La gestion de la flotte d'utilitaires imposerait une

profonde refonte et un fonctionnement plus adapté, profitant de nouveaux modes de gestion souples.

Un projet de reprise qui arrive à maturité

En pleine réflexion sur mon avenir au sein de l'entreprise

Je veux tirer toute la sève de cette réussite pour poursuivre ma politique de refonte totale de la société. La période m'apparaît favorable. Le basculement vers l'an 2000 approche et ce changement de millénaire va inéluctablement générer des travaux : il va falloir, par exemple, reconfigurer les installations, les systèmes informatiques, les cadrans d'heures. De quoi rassurer sur le potentiel d'activité ! Le besoin est exprimé, la période est propice pour faire du business.

L'âge de Dubois, bientôt septuagénaire, commence à préoccuper nos clients : le plan de continuation lie encore l'entreprise pour cinq années. L'administrateur judiciaire n'avait pas manqué de soulever ce problème et y avait sensibilisé Dubois. Quant à moi, la quarantaine approchant, la quête d'une action concrète me tient à cœur.

Je suis conscient ne pas détenir la compétence technique, passage obligé pour devenir entrepreneur dans le secteur. A contrario, j'ai une parfaite connaissance de l'entreprise, de ses hommes, de son environnement et de ses difficultés structurelles. Sur le plan financier, mon épargne personnelle est insuffisante et si je veux envisager quelque chose, je dois faire appel à une aide familiale. Je dévoile donc mon projet et mes intentions à quelques membres de ma famille. Leur réaction est immédiate, ils me déconseillent de m'engager dans cette voie. Ils considèrent la démarche trop risquée, insistent sur ma situation actuelle qui est confortable, enviable et sur le fait que j'ai de jeunes enfants. Ces arguments n'entament pas pour autant mon enthousiasme. Je me sens comme investi d'une mission. Sans doute est-ce prétentieux de ma part, mais j'ai la certitude d'être la seule personne légitime pour donner un avenir à l'entreprise et à ses collaborateurs. En un mot, je dois agir.

Soucieux de faire valider une démarche qu'ont désavouée mes proches, je fais appel à un cabinet de ressources humaines. Leurs coordonnées m'ont été communiquées par un ami. J'éprouve la nécessité de faire un bilan de compétences et de faire valider mes acquis et aptitudes par un professionnel.

Un bilan de compétences accoucheur de moi-même

Arrivé à un tournant professionnel, il m'apparaît en effet utile et opportun de faire l'inventaire de mes compétences et de voir les orientations possibles qui s'offrent à moi. J'ai la sensation de me trouver dans une situation bloquée, une impasse. Dubois ne souhaite pas perdre ses fonctions mais en même temps, il s'est éloigné de plus en plus de son rôle décisionnaire. Parallèlement, le plan de continuation de l'entreprise, le contexte, me poussent à prendre des dispositions rapides et efficaces et c'est donc moi, paradoxalement, qui ai repris en main le fonctionnement de l'entreprise. Mon interlocutrice, une psychologue, m'aide également à me regarder comme acteur de ma réussite. Mon besoin de passer à l'action doit cependant être tempéré : il me faut envisager la possibilité que mon projet pourrait ne pas voir le jour, vu les premiers pourparlers qui ne se présentent pas sous les meilleurs auspices. Je reste donc vigilant et clairvoyant, ne concentrant pas toute mon énergie sur cette seule option : je consulte les annonces d'offre d'emploi et je me tiens informé de cessions d'entreprises dans le même secteur d'activité.

Une opportunité de rachat d'entreprise se présente à moi

C'est ainsi que j'entre en contact avec un dirigeant d'entreprise qui, pour des raisons de santé, veut céder sa société d'électricité générale. J'ai un excellent feeling avec le dirigeant. La société est sérieuse. Le dirigeant cherche par tous les moyens à me faciliter le montage financier auprès de sa banque, mais malgré tout le prix reste trop élevé au regard de ma capacité financière et d'une approche patrimoniale.
Je missionne un commissaire aux comptes afin de conforter mon analyse et je me rends compte que c'est vraiment dommage, compte

tenu de l'outil de travail et de la qualité de son dirigeant. Ces critères n'ont pas manqué d'intéresser un groupe qui finit par racheter l'entreprise. Cette tentative avortée m'amène à formuler une première offre de rachat à Dubois.

Je franchis le pas, une première tentative de reprise

La société est entrée dans mon ADN. Les circonstances m'ont poussé à être acteur dans de nombreuses missions et quand bien même je ne l'étais pas, j'ai pu observer, analyser et tirer des enseignements sur les conduites à adopter. L'élaboration de mon business plan n'a été que facilitée. Le repreneur fait d'ordinaire un tour de table avec ses partenaires bancaires pour financer le rachat des parts sociales ou le fonds de commerce d'une société cible. Pour convaincre les investisseurs potentiels, rien de plus accrocheur qu'un bon business plan. Ce véritable outil de communication permet de les éclairer sur le projet de reprise : tant sur le parcours professionnel et la motivation du candidat, le marché prospecté, les perspectives de développement que sur la structure juridique retenue, le plan de financement et les prévisionnels d'exploitation.
Dans mon cas, la société n'étant pas dans une situation saine, la question ne se pose même pas. Il est patent que les banques ne me prêteront pas d'argent et que le business plan restera, dès lors un document de travail interne. Pour autant, il est, pour moi, un document essentiel, le carnet de route écrit et chiffré de la politique que je compte appliquer. Si par bonheur, je prends la direction de l'entreprise, je l'utiliserais comme fil conducteur.
Je fais expertiser ce business plan à mon commissaire aux comptes. Il approuve mon budget, cohérent avec la réorganisation que je prévois, associée à une meilleure maîtrise des coûts entraînant une croissance organique de l'activité et un retour à la profitabilité. Il pointe deux éléments manquants : les charges liées à la restructuration, insuffisantes selon lui et l'incidence de l'application des 35 heures.

L'avenir lui donnera raison sur les coûts de restructuration de la manière dont j'ai procédé. Je soumets à Dubois une proposition de rachat de sa société. Mon offre comprend la reprise de son compte courant pour le montant figurant au bilan, soit 68 000 € adossé d'un crédit vendeur d'une année et un rachat des parts sociales pour l'euro symbolique. La société présente un haut de bilan avec des capitaux propres négatifs. Les différentes méthodes d'évaluation habituellement utilisées, mathématique et empirique, se basent sur les bilans des trois derniers exercices et ne sont donc d'aucune utilité dans le cas présent. De plus, 1999 marque un coût d'arrêt dans la profitabilité de l'entreprise. Cela compromet sérieusement son avenir. Il reste six dividendes annuels du passif à honorer, soit la bagatelle de 600 000 €. Et c'est sans compter les investissements qu'il devient impératif de lancer : en informatique, en outillage, en équipement de sécurité et sur la couverture du financement de l'exploitation, indispensable à la poursuite d'activité. En résumé, la société n'a plus aucune valeur financière.
Sur les conseils de son expert-comptable et du commissaire aux comptes, la réponse de Dubois à ma proposition est « *183 000 € avec un paiement au comptant* ».
Nos positions sont inconciliables, les pourparlers s'arrêtent aussitôt.
Je suis désemparé par tant d'inconscience, désespéré par l'irresponsabilité qui règne. Dubois semble avoir renoué avec des pratiques antérieures non conformes à l'intérêt de la société, l'utilisation d'une caisse noire entre autres et je ne peux le supporter plus longtemps. Ma place n'est manifestement plus là. Mes valeurs de moralité, de rigueur et de transparence, indispensables, selon moi, à la poursuite du redressement, ne semblent plus partagées. Je décide de donner ma démission.
Je quitte donc la société en mai 2000 avec beaucoup d'amertume. J'ai le sentiment d'un travail inabouti, d'une opportunité gâchée. J'y ai consacré tant d'ardeur et d'énergie, que la chute est d'autant plus brutale sur le plan moral.

Un « come back » qui vire à l'obsession et hante mes journées

J'occupe assez vite une nouvelle fonction de conseiller financier dans un secteur très éloigné du bâtiment : la distribution d'articles de sport. Ce dernier est une de mes autres passions.
J'aime mon nouveau métier, j'y fais des choses très intéressantes mais mon esprit est accaparé par cette impression d'inachevé que m'a laissée mon ancienne société. J'éprouve comme un sentiment de culpabilité d'avoir quitté le navire en cours de route, plus précisément en cours d'un plan de continuation qui laisse augurer à son personnel un avenir plus qu'incertain. Je suis convaincu des qualités intrinsèques de l'entreprise qui se restructure depuis plus de quatre ans. Sa compétence technique, la qualité de son personnel et par conséquent, sa faculté à aborder de nouveaux marchés, me rassurent également. Je ne peux pas rester insensible et immobile. J'ai le devoir de revenir accomplir ma mission mais cette fois, seul maître à bord.

J'ai vécu si intensément, si viscéralement cette expérience, me dépensant sans compter, jour, nuit, week-ends, jours fériés, jusqu'à faire s'interroger un salarié logeant sur le site sur mon temps de sommeil, que ma première tentative de rachat avortée n'a pas entamé mes velléités, bien au contraire. De même, je me souviens d'un 1er mai travaillé (un comble pour la journée du travail !) où je dois me contenter, pour offrir à mes proches réunis en famille, d'un bouquet de muguet flétri acheté en fin de journée. A intervalles réguliers, je prends la température et le pouls de la société auprès de quelques contacts privilégiés. Et quand j'omets de le faire, c'est Mme Dubois qui ne manque pas de me relater, par courrier rédigé dans une urgence contrainte, de l'état de la situation, de l'ambiance qui règne et des interrogations du personnel. C'est un cri d'appel pour mon retour rapide !

Un dirigeant qui n'a aucune intention de quitter sa fonction

Mme Dubois se sent isolée au sein de la société et décrédibilisée à l'extérieur. Elle a manifestement besoin de se confier. Elle me fait part de sa vive inquiétude, regrettant l'entêtement de son mari, la confiance aveugle qu'il a en Martin, son principal chargé d'affaire et la désinvolture du cabinet d'expertise comptable.

Dubois est fidèle à l'image que j'ai gardée de lui. Toujours dans l'immobilisme, incapable de prendre des décisions, alors que la situation financière de la société se dégrade irrémédiablement, que de bons éléments la quittent. Il préfère s'entêter, fait appel à sa famille pour obtenir des avances financières afin d'honorer ses créanciers sociaux : prioritairement bien sûr, les plus sensibles tels l'Urssaf, puis les autres, sous contrainte ou après avoir reçu de multiples mises en demeure. C'est une gestion au jour le jour. Pour remplacer les salariés partis, il embauche dans l'urgence, en contrat à durée déterminée, des monteurs, sans les soumettre au moindre test de compétence.

Je peux comprendre que l'entreprise est son bébé, son jouet et qu'il ne se voit pas comment vivre sans. Cependant la réalité est bien là, âpre, à laquelle il faut faire face chaque jour. Son attitude d'en faire abstraction ne peut que précipiter la rechute de la société. Par fierté, il ne veut pas admettre qu'il y a le feu dans la maison et qu'il est grand temps et encore temps de passer la main.

La pression extérieure et l'accumulation de nouvelles difficultés finissent par faire céder Dubois

J'obtiens par mon commissaire aux comptes les coordonnées d'un avocat d'affaires et prend rendez-vous avec lui pour une première séance de travail. L'objet de l'entretien est de lui présenter mon projet. Il est d'accord pour être à mes côtés. J'ai la conviction que le temps joue en ma faveur et que Dubois finira par céder sa société. Ensemble, nous définissons un calendrier prévisionnel pour la reprise de la société et, en juillet 2001, nous le communiquons à Dubois, à son conseil et à l'administrateur judiciaire, dans la mesure où l'entreprise est toujours soumise au plan de continuation. Nous n'avons pas choisi la date de transfert au hasard : ce calendrier nous conduit à une prise de fonction avant la fin de l'exercice 2001. En dehors des difficultés auxquelles la société est confrontée, la mise en œuvre des 35 heures et le basculement à l'euro le 1er janvier approchent à grands pas et nécessitent des adaptations organisationnelles importantes.
Durant deux mois, silence radio total ! Nous restons sans nouvelles de nos interlocuteurs à qui nous nous sommes contentés de demander des documents comptables. Rien d'exagéré dans cette démarche et pourtant, ils ne nous les communiquent pas. Nous attendions mieux de personnes responsables, soucieuses d'avancer dans le processus !

Dubois sommé de devenir le seul détenteur des parts sociales

Nous demandons d'abord à Dubois de régulariser sa situation vis-à-vis des parts sociales (*) qu'il détient dans la société. Comme cela se passe dans de nombreuses PME, le capital social repose sur plusieurs associés. Sauf que ces derniers, dans le cas présent, sont « de paille » : cousin et ami, leurs titres sont un blanc-seing pour Dubois. Le fait que ce dernier ne détienne que la moitié des parts est volontaire. Cette situation lui permet de concilier un statut de salarié avec son mandat social.
Il finit par réunir toutes les parts sociales sur sa seule tête, mais que de relances de notre part pour une régularisation qui ne présentait aucune difficulté !

… et la propriété du fonds de commerce qui nous échappe

La lecture du Registre du Commerce et des Sociétés est toujours fort instructive. Elle peut même se révéler surprenante. Nous y apprenons en effet que la société n'est pas propriétaire du fonds de commerce mais est en location-gérance depuis 1975. A l'époque et pendant longtemps, cette organisation juridique était un montage intéressant. Le dirigeant avait ainsi un statut de bailleur de fonds et percevait des loyers qui, sous couvert d'une jurisprudence constante, n'étaient pas soumis à cotisations sociales.

Depuis 1999, ce montage a perdu de son intérêt puisque la loi de financement prévoit désormais, dans l'éventualité où le bailleur exerce une activité dans le fonds loué, ce qui est le cas, le paiement de cotisations sociales pour les loyers perçus. Le maintien de ce statut pour notre société est d'autant plus aberrant que Dubois ne perçoit plus, suite à ma décision, de loyers depuis la cessation de paiements de 1995.

Le plus surprenant est que les organes de la procédure ne s'en sont pas aperçus. Dans son jugement de février 1997, le Tribunal de Commerce a en effet accepté le plan de continuation présenté par la société sous condition de l'inaliénabilité du fonds de commerce, ce qui signifie en langage commun, interdiction formelle de cession du fonds de commerce. Comment cette décision pourrait-elle être applicable alors qu'en réalité le fonds de commerce se trouve être en location-gérance ?! C'est un camouflet pour l'autorité judiciaire !

Cette ineptie juridique nous conduit à exiger de Dubois et de son conseil que la société régularise la propriété du fonds de commerce … avant de pouvoir la céder ! Ce n'est pas trop demander !

Une fois de plus, Dubois traîne les pieds pour nous communiquer le document et ne respecte pas son engagement à le faire. Tant et si bien que… pour lui faciliter le travail, nous annexons à la cession des parts sociales, un acte de mutation du fonds de commerce. Fin octobre 2001, nous n'avons toujours pas la justification que celui-ci ne se trouve plus plus en location-gérance.

Dubois sommé de payer le 4ème dividende du passif

Nous lui demandons également de justifier du règlement du 4ème dividende, qui aurait dû être payé depuis fin février.
Nous attendons ce justificatif avec impatience.
L'administrateur judiciaire, ayant déjà constaté des retards dans le passé, a fait des menaces écrites à Dubois : « dans les trois mois suivant l'échéance impayée, de déposer un rapport qui ne laisse aucune possibilité de report ». Le Procureur de la République, lui, veut évoquer le dossier en chambre du conseil, en comité restreint sans renvoi possible, Dubois le sait pertinemment.
L'administrateur judiciaire lui recommande de payer les dividendes en temps et en heure, sous peine d'une mise en liquidation judiciaire de la société. Dorénavant, aucun retard ne sera plus toléré. Mais les faits curieusement contredisent ces directives pourtant très claires. Près d'un an plus tard, la société continue son activité comme si de rien n'était… sans être inquiétée. Comme tout un chacun, nous ne pouvons qu'être interrogatifs devant une telle mansuétude de la part du Tribunal de Commerce à l'égard de la société. Une telle complaisance ne peut s'expliquer que par une protection au sein même du Tribunal. Pas besoin de chercher bien loin, ce n'est autre que son conseil.
Dubois finira par régler le fameux dividende quelques jours avant la passation de pouvoir, profitant du remboursement d'un trop perçu sur les trois acomptes sur l'impôt sur les sociétés que lui rembourse le Trésor Public. Un comble, quand on sait que celui-ci est partie prenante dans le passif de la société et que la société lui doit donc de l'argent par ailleurs. Encore une fois, Dubois s'en tire à bon compte. En attendant, cette régularisation arrive trop tard pour qu'il puisse solliciter, lui, un réaménagement des échéances restantes. Aucune initiative de sa part ne serait retenue, il ne serait pas crédible. Une fois de plus, il nous faut prendre notre bâton de pèlerin et le faire nous-mêmes : nous justifions cette demande de rééchelonnement de

l'échéancier du passif par le retard avec lequel vient d'être payée l'échéance et par la date de l'échéance suivante qui risque de se télescoper avec mon rachat de la société.

Une information financière opaque

Nous avons également besoin d'avoir le détail des dettes et des dernières mises à jour les concernant mentionnées sur le site du Greffe. Ont-elles été soldées ou des paiements partiels ont-ils été effectués depuis ? En parcourant le site, mon conseil constate par ailleurs que les comptes n'ont pas été publiés depuis 1998. Cela fait désordre pour un cabinet réputé sur la place et dont le principal animateur est présent au Tribunal de Commerce.
Nous avons également toutes les peines du monde à obtenir la situation comptable arrêtée au 30 septembre. Elle est pourtant déterminante : c'est elle qui sert de référence pour la transaction. Elle nous sera remise, au final, en décembre mais sans inventaire du stock et sans suivi de chantiers.
Manifestement, la société n'est pas accompagnée avec le sérieux et la rigueur attendus.

Il nous faut une détermination sans faille pour mener à son terme notre projet de reprise

Ayant quelques difficultés à comprendre le comportement de nos interlocuteurs, nous finissons par douter des leurs véritables intentions. Il est clair que nous ne faisons pas partie des dossiers prioritaires du cabinet comptable. Nous ne sommes probablement pas suffisamment rémunérateurs au regard du temps passé par le collaborateur, sachant que la société n'a plus de compétence comptable en interne depuis mon départ. Mon conseil a tout simplement besoin de l'ensemble de ces éléments pour rédiger notre projet de compromis de vente sous conditions suspensives (*).
Depuis le début, mais tout spécialement en ce mois de janvier 2002, il me met en garde à maintes reprises : « *dans le cas où le business plan*

que vous avez établi ne serait pas appliqué », me prévient-il, « *la demande de rééchelonnement du plan serait aléatoire et votre projet ne serait pas viable* ». J'aurais alors déboursé une somme importante sans véritable contrepartie. Il en est d'autant plus persuadé qu'il n'a pas été possible jusque là d'obtenir dans la négociation des garanties pour ma personne. En conclusion, c'est seulement ma connaissance de l'entreprise et de son potentiel qui me procurent la conviction que l'opération est saine et peut être prospère. Certaines personnes de mon réseau me recommandent d'attendre la liquidation de la société mais il est hors de question pour moi de la laisser en arriver à ce stade après une agonie entrevue longue. Elle perdrait immanquablement ses derniers atouts, client privilégié et personnel compétent, ce serait pathétique. Ma détermination à la reprendre demeure inébranlable.

Une nouvelle offre de reprise une fois de plus contrariée

Je me porte acquéreur des parts sociales de la société pour un montant de 80 000 €, convaincu d'un retour à meilleure fortune. Je me suis prémuni de toute mauvaise surprise à la date de la signature en accompagnant comme il est d'usage, notre projet de compromis de vente d'une demande de garantie de passif. En signant cette garantie, Dubois s'engage à prendre personnellement à sa charge les dettes qui se révéleraient après la cession mais ayant pour origine un événement antérieur à celle-ci et qui n'auraient pas été prises en compte dans la situation intermédiaire de septembre. Il peut tout aussi bien s'agir de sinistres non pris en charge par l'assurance, de franchises, de condamnations en justice, d'un redressement fiscal non provisionné… Placé dans cette situation, le repreneur a la possibilité de mettre en jeu la garantie de passif pour préjudice financier.
Le conseil du dirigeant ne veut pas entendre parler d'une garantie de passif. Son argument : j'ai occupé la fonction de responsable administratif et financier de la société durant cinq ans et par conséquent, je suis « le sachant ». Sa remarque serait pertinente si

dix-huit mois ne s'étaient pas écoulés depuis mon départ et si un suivi comptable de même facture avait été poursuivi en interne. En fait, en fin stratège, il veut couvrir le dirigeant de tous ses manquements et de coûts cachés qui se révéleront par la suite. Le document comptable tant attendu m'est communiqué avec un tel retard, que je suis pris de court pour établir un diagnostic et un audit financier complets de la société sur site. D'autant qu'il me manque, pour l'appliquer sérieusement, l'inventaire des stocks de matières premières et une analytique de suivi de projets permettant de valider la prise en compte des travaux en cours.

J'ai une fin de non-recevoir pour la mise en place de cette garantie et cela me sera reproché par la suite, surtout au regard de ma fonction d'ex-directeur financier. En complément du prix d'achat des parts sociales, je m'engage à régler, selon un échéancier, le compte courant d'associé de Dubois, soit tout de même 68 000 €. Les deux engagements sont formalisés par actes séparés et pour cause. Sur le plan déontologique, le remboursement du compte de Dubois est contestable à l'égard des autres créanciers concernés par le Plan de continuation : l'égalité de traitement entre les créanciers n'est plus strictement respectée. Ce remboursement n'aurait posé aucun problème à l'issue du Plan de continuation. Je ne peux plus reculer. Le temps presse pour tenter de donner un avenir à l'entreprise. Après il sera trop tard.

Je dois réunir les fonds et les garanties nécessaires à la reprise de la société. Je fais appel à mes proches. Un membre de ma famille m'accorde un prêt que je veux confortablement rémunéré intégrant une notion de risque. Nous le formalisons par acte authentique, sous seing privé, afin de nous prémunir contre tout aléa de la vie et d'éviter au sein de la cellule familiale toute interprétation d'un privilège, d'une jalousie. Il m'importe que tout soit au carré. Par ailleurs, mes parents se portent caution du compte courant. De mon côté, mes économies serviront au fonctionnement de la société, c'est-à-dire à couvrir le besoin en fonds de roulement. Il s'avère vite que mon apport se révèle insuffisant. Afin d'obtenir du cash, je

m'endette personnellement en souscrivant en dernier recours à des crédits revolving, les dévoyant de leur affectation légale, les crédits classiques m'étant fermés au regard de la configuration du projet.
La cession de l'entreprise est donc actée par le Tribunal de Commerce. Dubois continuera à être présent dans l'entreprise, rien que de très habituel dans ce genre de procédure.
Il la quittera définitivement quatre mois plus tard.

Départ de mon poste de salarié…

Je quitte un poste confortable et enviable pour un futur semé d'embûches et très incertain. Le pot de départ dont je bénéficie est inattendu dans ses conditions d'organisation. Avec une collègue, partante elle-aussi, nous avons droit à une forte mobilisation du personnel, ce qui me fait chaud au cœur. J'en suis ému et je le montre lors de mon discours, dans lequel j'annonce officiellement l'aboutissement de mon projet de reprise de la société que j'ai quittée, il y a quasiment deux ans. Mon message est entendu et bien compris. Le lundi suivant, je prends mon poste sans plus tarder.

… et me voilà patron. Face à mes anciens collègues

Février 2002, je passe donc de l'autre côté de la barrière.
J'endosse l'habit de patron. J'officialise la gérance de fait, accomplie durant quatre années. La matinée du premier jour, nous avons rendez-vous chez le conseil de Dubois pour la signature des actes de cession. Dubois est surpris par le volume des papiers que mon avocat lui soumet pour paraphe et signature. Pas étonnant, de la part de quelqu'un qui s'est toujours contenté d'une documentation juridique très sommaire et jamais remise à jour au goût du jour. Les signatures se passent dans une atmosphère détendue et conviviale.
Je suis arrivé à mes fins, non sans mal, un véritable parcours du combattant. Au travers de cette expérience, je comprends pourquoi tant de PME ne trouvent pas de repreneurs. Il suffit que l'une des parties ne joue ainsi pas son rôle, d'un grain de sable qui vient

gripper le processus. Un soulagement m'étreint compte tenu du temps passé dans les travaux préparatoires, des coûts consommés auprès de mes conseils. Je suis dorénavant investi des pleins pouvoirs. Je peux enfin mettre en application ma politique sans être freiné dans mon élan. Si ça ne marche pas, je ne pourrai m'en prendre qu'à moi-même. Je m'attends à un chantier colossal prenant acte que tout ce que j'avais mis en place avant mon départ a été abandonné. Peu importe, j'ai l'énergie et l'envie nécessaires.

Afin de bien marquer le changement de direction, j'organise dans la semaine qui suit, un buffet réunissant l'ensemble du personnel une trentaine de salariés, comprenant trois chargés d'affaires, un chef de chantier, un chef d'équipe, un responsable bureau d'étude, une secrétaire, un magasinier et 23 ouvriers. J'ai voulu que cela se passe dans un lieu plus convivial qu'une habituelle salle de réunion, dans le restaurant de quartier. Je privilégie ce moment festif pour leur faire un discours. Je veux sensibiliser les esprits avec un message fort : ma gouvernance sera empreinte de transparence, d'écoute et d'action, ce qui prend le total contrepied de ce qu'ils ont vécu ces dernières années. Je leur communique les grandes orientations que je veux mettre en place : développement et diversification de la clientèle, apurement des dettes, investissement dans l'équipement, renouvellement progressif de la flotte de véhicules utilitaires, mise en place de formations, revalorisation salariale et de l'indemnité de repas.

Je dois également marquer mon autorité au plus vite, histoire de ne plus être le « gentil collègue de travail ». Ce temps est révolu. Car une grande majorité des salariés me connait et comme tout un chacun, j'ai plus d'affinité avec certains. Je dois rester sur mes gardes et ne pas tomber dans le piège facile du « salarié petit protégé du patron ». Ils sont restés fidèles à une entreprise qui a subi de nombreuses turbulences depuis son dépôt de bilan et c'est bien la marque de fabrique de l'entreprise. Tenue depuis quatre ans de rembourser un dividende annuel sous peine d'une résolution de son

plan et d'une liquidation, elle vit avec une véritable épée de Damoclès sur sa tête.
Si la politique de Dubois a été dispendieuse avec certaines de ses relations privilégiées, les demandes du personnel, elles, n'ont pas trouvé réponse que ce soit en termes de changement de qualification, de revalorisation de salaire, d'accessoires de salaires, de moyens de travail ou de formations. J'aurais tout à fait compris que cela provoque des réactions instantanées de leur part et pourtant, il n'en a rien été. J'ai en face de moi des salariés matures, probablement rassurés par mon retour et par l'idée qu'enfin il y a un pilote dans l'avion.

La confiance du client principal ébranlée à nouveau

Je me rends compte d'un relationnel dégradé avec notre client principal, « L'Institution », en étant convoqué à son siège. Certains responsables d'opérations ne veulent plus avoir pour interlocuteur l'un des chargés d'affaires : il ne tient pas ses promesses pour la livraison des chantiers et avec un établissement bancaire, cela est tout simplement inenvisageable. La politique de communication sur la réouverture de l'agence après travaux est diffusée très en amont. S'il y a du retard, c'est donc l'image de la banque qui est en jeu à l'égard de ses clients et face à ses concurrentes.
Lors de cet entretien, je ne peux que prendre acte du fait que, pour les réhabilitations lourdes d'agences, « L'Institution » ne nous consulte plus. Par la même, la notion d'appel d'offre restreint est remise en cause. Tant et si bien que je m'aperçois que des sociétés concurrentes en ont profité pour pénétrer le marché. Par notre faute, nous avons fait rentrer des loups dans la bergerie. Nous nous créons un handicap de plus comme si la situation n'était pas suffisamment déjà compliquée à gérer. Que le matériel soit livré au compte-goutte et retarde l'exécution du chantier, on peut encore l'entendre, mais que l'on essaie de berner continuellement le client en laissant croire que demain les problèmes seront résolus et que dans les faits rien ne bouge, cela est inadmissible. J'écarte ce chargé

d'affaires de ces donneurs d'ordre. Il n'est pourtant pas le plus déméritant, loin s'en faut.

Les achats de la société reposent sur un seul fournisseur

Je m'aperçois dans la foulée que tous les fournisseurs historiques de la société se sont désengagés les uns après les autres. Les retards de règlement continuels alors que des accords contractuels ont été pris et que la parole a été donnée, les ont découragés de travailler avec nous.
Tant et si bien que les achats de la société reposent sur un dernier fournisseur qui se trouve en situation monopolistique. L'entreprise ne peut plus bénéficier d'une mise en concurrence des distributeurs, plus ou moins compétitifs selon les familles de produit. L'entreprise subit donc de plein fouet des prix d'achat imposés. Elle perd l'effet de levier le plus facile, la gestion des achats et son optimisation, dans une recherche constante de diminution à même d'améliorer les marges bénéficiaires. Qui plus est, sa trésorerie se trouve mise en difficulté par des paiements à assurer au comptant. Une de mes premières démarches est de rencontrer ce distributeur afin de le rassurer et de convenir d'accords de délais de paiements, une bouffée d'oxygene.

Les dernières recrues embauchées dans la précipitation

Comme on pouvait s'y attendre, les derniers salariés, que Dubois a embauchés dans l'urgence en contrat à durée déterminée, se sont révélés non seulement incompétents mais également peu fiables au niveau de leur assiduité au travail. Bien évidemment, je ne renouvelle pas leur contrat.
Leur indemnité de fin de contrat n'a même pas été provisionnée dans la situation arrêtée au 30 septembre. C'est un nouveau surcoût que l'entreprise doit supporter. Il confirme que le principe de prudence comptable dans les comptes n'a pas été appliqué. Je ne m'en aperçois qu'une fois en poste.

Un nouveau « trou » dans l'exploitation courante

En préambule de la reprise de la société, à la lecture d'échéanciers que la secrétaire m'avait communiqués, je m'étais rendu compte de retards dans les paiements des bordereaux sociaux mensuels.

Un nouveau passif s'est constitué et s'ajoute au passif en cours de remboursement. Il est plus lourd de ce que j'avais pu identifier, 120 000 €. Il est vrai que les éléments laissés par le cédant sont loin d'être d'une totale transparence. En juillet, je découvre que la facture d'un matériel acheté depuis plus d'un an n'a pas été payée. Il y en a quand même pour 16 000 €. C'est la relance du fournisseur qui me met la puce à l'oreille. Il a annexé à son courrier un extrait de notre historique de compte, volumineux, et pour cause, il est le seul fournisseur de la société. Mais curieusement la lecture de son listing mentionne pourtant une facture payée. Je prends mon courage à deux mains et pointe chaque facture avec les chèques émis afin de faire apparaître celles réellement dues. Je découvre ainsi le subterfuge. Un de nos paiements récents a été détourné de son affectation et rattaché à cette facture de matériel. L'intention de dissimuler est manifeste, sans équivoque, de même que la compromission avec le fournisseur. Je ne manque pas de le signaler à Dubois.

Je considère l'incident clos. Dorénavant, je me polarise sur l'avenir. La dette courante s'est aussi accrue en raison des intérêts de retard pour non-paiement de certaines cotisations sociales. N'étant pas à même de couvrir ses échéances quotidiennes, l'entreprise se place à nouveau en situation de faillite potentielle. Avec recul, je me rends compte que si Dubois a réussi à acquitter, avec un an de retard, le paiement du quatrième dividende, ce n'est pas seulement grâce au remboursement du trop perçu par le Trésor Public mais également en creusant un peu plus chaque jour un nouveau trou financier dans la gestion quotidienne. Il y a vraiment le feu dans la maison.

Un administrateur judiciaire qui retourne sa veste

Lors du dernier rendez-vous avec l'administrateur judiciaire, deux mois avant la reprise, ce dernier nous avait assurés que notre demande de report du paiement du cinquième dividende venant à échéance fin février, ne poserait aucun problème. Il en faisait son affaire. Ces affirmations avaient été faites devant témoins : Dubois, son conseil, mon avocat et moi-même.

Au demeurant, notre demande n'apparaissait pas exagérée. Elle portait sur le rééchelonnement du plan de continuation dans le temps, report de neuf mois, compte tenu d'une reprise de la société mi-février et du handicap du quatrième dividende honoré avec un an de retard par mon prédécesseur. Avec l'aide de mon conseil, nous avions formalisé notre requête auprès du Tribunal de Commerce demandant la modification du plan de continuation. Nous attendons donc notre convocation avec sérénité. Qui n'aurait pas confiance dans un homme de loi pour le respect de la parole donnée ? De plus, l'administrateur judiciaire a pu se rendre compte de mon engagement dans la société durant cinq ans. Je lui ai également ôté une épine du pied en rachetant la société, ce qui n'était pas gagné d'avance vu le contexte. Par mon action, je poursuis l'activité de l'entreprise, assure la continuité des contrats de travail et donne des garanties sur le remboursement du solde du passif. Son attitude aurait dû être collaborative et responsable.

Les faits ne vont malheureusement pas dans le sens de l'accord sur lequel s'était engagé l'administrateur judiciaire. Il est plus préoccupé par sa situation personnelle, quittant sa fonction à la fin de l'année. Voulant faire bonne figure auprès du Tribunal de Commerce, il met tous ses dossiers en ordre, très scrupuleux, pour une fois, de l'application stricte des décisions judiciaires qu'il veut sans remise en cause possible, même pour notre demande qui est pourtant des plus fondées.

J'en subis pleinement les conséquences. Le cinquième dividende reste au final toujours exigible à fin février. L'administrateur

judiciaire met en demeure la société de le payer, sous peine de la résolution de notre plan. Et qui dit résolution du plan, dit liquidation judiciaire. La façon dont il me traite est sans commune mesure avec celle qu'il réservait à Dubois. Celui-ci a bénéficié d'une grande clémence et d'une grande indulgence, protégé qu'il était par l'influence de son conseil au sein du Tribunal.
De notre côté, il faut nous défendre et trouver une parade. Après un premier report, nous sommes convoqués à l'audience du Tribunal de Commerce en septembre. Il est censé se prononcer sur notre requête. Mais en préambule, il statue définitivement sur le sort de l'entreprise et demande directement la résolution du plan, puisque l'échéance n'a pas été payée. Mais la simple évocation de cette mesure impose la convocation des délégués du personnel, puisqu'ils sont pleinement concernés par les conséquences sur l'emploi. Le collaborateur représentant des salariés, qui lui est présent, n'a plus qualité à agir, puisqu'il n'a pas été élu. Or, les délégués du personnel n'ont été destinataires d'aucune information ou convocation. Pour un problème de forme, la procédure est donc totalement irrégulière. Mon avocat met donc en défaut l'administrateur judiciaire pour vice de forme. C'est un coup magistral qui nous qui permet de gagner du temps. Temps qui ne sera pas de trop pour consolider notre trésorerie afin d'honorer ce trop fameux cinquième dividende. En janvier 2003, je consens cependant une avance sur mon compte courant personnel pour réunir la somme.
Avril 2003, un nouvel administrateur judiciaire est nommé. Comme par enchantement, notre requête de modification des échéances du passif revient au goût du jour. Nous l'avons réactualisée avec le paiement du cinquième dividende. Il nous reste à payer trois dividendes, et non des moindres, le sixième étant le plus important, la bagatelle de 120 000 €. Nous devons informer nos créanciers, de notre nouvelle demande de rééchelonnement et leur demander leur avis. Pour la majorité, ils acceptent, quelque peu rassurés par la perception de cinq dividendes, ce qui n'est semble-t-il pas si courant dans ce genre de situation.

Il nous faut maintenant obtenir l'approbation du Tribunal de Commerce sur notre ultime requête de rééchelonnement. Mais lors de cette nouvelle audience, nous assistons à une scène totalement surréaliste. Comme à son habitude, mon avocat prend la température du tribunal auprès du greffier, pièce maîtresse de la justice du Commerce. Il est informé du climat, des intentions de chacun. Manifestement, la partie ne s'annonce pas gagnée d'avance. L'enjeu est capital pour l'avenir de l'entreprise. En début d'audience, les magistrats se présentent, suivant le protocole, devant l'assemblée. Nous sommes confinés dans cette salle exigüe du Tribunal qui manifestement n'est plus adaptée. A mes côtés, outre l'avocat, se tiennent les délégués du personnel et le salarié du cabinet comptable qui nous suit. Nous sommes tous stupéfaits de voir apparaître, en robe parmi les magistrats, le patron du dit cabinet. Nous sommes tous bluffés. Le couloir conduisant aux sièges des magistrats, plus communément appelé l'antichambre, nous réserve quelques bonnes surprises.
A l'écoute de l'énoncé des affaires fixées à l'ordre du jour, notre dossier est prévu d'être évoqué dans les derniers. Le patron du cabinet reste en place jusqu'à l'affaire précédant notre passage, puis il se retire. Etrange va et vient qui nous dépasse mais l'essentiel est là, nous obtenons l'assentiment du Tribunal à notre requête. Le patron du cabinet y est pour quelque chose, le scénario est trop flagrant pour en être autrement. J'ai continué à employer ce cabinet conseil, je l'avoue, pour l'aura et l'influence de son président au sein du Tribunal. Jusqu'à cette décision rendue, je n'étais pas en capacité de mesurer son véritable pouvoir. Dorénavant, c'est chose faite et je lui suis reconnaissant pour son action. Avait-il des choses à se faire pardonner sur les conditions d'accompagnement de Dubois et le suivi de la société ?
Soulagé, la tension retombe d'un cran, les trois derniers dividendes annuels du passif seront maintenant payables en novembre de chaque année.

Mes premières mesures

Jusqu'en 1998, l'atelier de câblage faisait la fierté de la société, sous l'impulsion de son responsable, M. Petit. La qualité de finition de nos armoires électriques était reconnue par nos clients. Même pour un non sachant, la simple ouverture de l'armoire révélait un travail propre, réalisé avec goût et dont nous pouvions être fiers. A l'opposé, il nous arrivait assez régulièrement d'intervenir sur des installations existantes où l'armoire était un cache misère. M. Petit avait comme atout une grande polyvalence, se montrant disponible pour épauler les monteurs à installer ces armoires sur les chantiers et faire les essais. Il apportait de nombreuses modifications aux avant-projets demandés par les chargés d'affaires afin d'en assurer la faisabilité et la conformité. Il était un filtre indispensable au bon fonctionnement des installations. Son sens de l'anticipation faisait merveille dans la maîtrise de ses achats, prélevant le maximum sur le stock en reconditionnant. Malheureusement, une pathologie classique du métier de câbleur a précipité son départ en pré-retraite. Celui-ci était conditionné, sur le plan de la législation du droit du travail, par l'embauche d'un salarié. En tant que responsable administratif, j'avais pris en charge le dossier de retraite de M. Petit puisque l'entreprise avait, au final, trouvé un remplaçant. Ce dernier fait donc partie des salariés repris lors de mon rachat. Son travail est sans commune mesure avec celui de M. Petit, dans le sens négatif du terme au niveau de la propreté, de la productivité et de la disponibilité envers les chantiers. Il faut également se rendre à l'évidence, l'activité de câblage a muté, avec l'industrialisation de l'activité et l'arrivée sur le marché d'entreprises spécialisées. Nous ne pourrons plus être compétitifs face à des spécialistes qui disposent de chaînes de production et d'une logistique. De plus, l'atelier manque de place et ne pourrait pas répondre à la hausse d'activité programmée. Les conditions sont donc réunies pour que l'atelier de câblage soit supprimé, ce que j'avais d'ailleurs préconisé dans mon business plan. Nous recourrons désormais à la sous-traitance. Cette décision n'est pas anodine pour notre organisation interne. Mes chargés d'affaires sont dorénavant astreints à formuler des demandes conformes sur un plan technique. Ce changement de mode opératoire révèle, pour certains d'entre eux, des erreurs techniques, indignes de salariés de ce niveau de qualification. Fort heureusement, j'ai conservé le bureau d'étude qui est garant des schémas avant diffusion au partenaire sous-traitant. Je me rends compte de l'importance de pouvoir compter au sein de l'entreprise sur un salarié diplômé, curieux de la technique et ayant le réflexe de mettre à jour en permanence ses connaissances. Le mythe de l'autodidacte qui prétend tout maîtriser, sans éprouver un besoin de formation, est terminé, le métier évolue, les cahiers des charges avec. Au global, la société y gagne : en productivité, elle respecte mieux les délais, ce qui, on l'a vu, est essentiel pour garantir la livraison en temps et en heure de nos chantiers. Nos partenaires, eux, sont suffisamment flexibles, compréhensifs et professionnels pour satisfaire nos besoins. Cette première étape se passe sans heurts.

En attente de résultats rapides, juste retour de l'allocation de moyens

L'engagement du plan de continuation ne me laisse aucune marge de manœuvre. L'entreprise a pour obligation de générer des bénéfices chaque année. Pour y arriver, je dois éradiquer tous les foyers à perte. Mes principaux collaborateurs, chargés d'affaires, sont tenus de sortir des chantiers à marge positive. Ils n'ont plus de raisons valables à m'opposer. Leurs chantiers sont approvisionnés en temps et en heure, avec de meilleures conditions d'achat, du fait d'une confiance renouée avec les principaux fournisseurs. Les coûts sont donc maîtrisés. Pourtant, l'un des trois chargés d'affaires, M. Garnier, déclare quasi systématiquement des pertes au terme de chaque exercice. C'est celui-là même que j'avais défendu en 1995, quand Dubois voulait le rendre seul responsable du dépôt de bilan. Cette fois, je ne peux lui renouveler ma confiance : à l'issue de l'exercice 2003, il affiche une perte de 126 000 €. J'ai pourtant déployé les efforts nécessaires pour booster son activité toujours

faiblarde et lui ai apporté un nouveau client et le gain d'un chantier industriel.
C'est sur ce dernier que se révèlent au grand jour ses graves manquements. En effet, le client me contacte pour me signaler qu'il manque une trame chauffante alors que l'entreprise de béton s'apprête à couler la dalle. Je me déplace en urgence sur le chantier afin de constater cette carence. Je suis seul en présence du client.
Garnier a bien quantifié le nombre de trames chauffantes nécessaires mais en partant d'un mauvais repérage à partir du bâtiment contigu. Il manque effectivement une trame chauffante que je m'empresse de faire commander, mais le délai de livraison est de trois jours. Cela signifie donc un dérapage dans le planning d'avancement du chantier par notre faute. Mais l'improbable se produit, un véritable miracle : une panne inopinée de la centrale à béton l'après-midi. Nous ne mettrons pas le chantier en retard. Je réalise à cette occasion à quel point les visites de chantier inopinées peuvent être riches d'enseignements pour un responsable d'entreprise.
A son retour de congés, je dois m'exécuter et licencier Garnier pour faute grave. Il ne proteste absolument pas. J'ai pris cette décision, contre l'avis négatif unanime de ses collègues. Elle est si grave et tellement difficile, humainement parlant, surtout le concernant. Il fait partie des collaborateurs avec qui je partageais le plus souvent les déjeuners. Mais, il n'a pas été pris au dépourvu, je ne peux patienter plus longtemps, le temps presse. Après recoupement avec son parcours professionnel, j'ai en effet compris qu'il n'a jamais été en situation de chiffrer seul un dossier, autre que bancaire. Et encore, le terme « chiffrage » est galvaudé dans son cas. Sous Dubois, il se contentait de répondre aux appels d'offre sous couvert d'ententes avec un chargé d'affaires de son ancienne société, elle aussi figurant sur la liste restreinte des entreprises systématiquement consultées par « L'Institution ». En clair, cela équivalait à se répartir les affaires dans le cadre d'accords négociés sur le prix de l'offre remise. Pratiques d'ententes illégales qui s'étaient arrêtées suite à des

changements d'organisation importants au sein de l'entreprise confrère.

La refonte des contrats de travail des chargés d'affaires

Les chargés d'affaires avaient été embauchés dans une période où les contrats de travail reposaient sur une simple lettre de confirmation d'embauche. Une mise en conformité contractuelle s'impose, sachant que j'ai pris la décision d'attribuer une gratification en fonction des résultats, histoire de récompenser la performance. Il y a nécessité de rompre avec cette léthargie ou l'encadrement se complait dans cette médiocrité d'activité qui s'avère insuffisante depuis le départ du directeur technique. Je fais appel à l'avocate du cabinet spécialisée en droit social. Elle me fait parvenir un modèle de lettre prévoyant le versement d'une « gratification bénévole ». Celle-ci me laisse la possibilité de revenir en arrière et évite d'inscrire dans le marbre le versement d'une prime. J'en profite pour lui demander la rédaction d'avenants aux contrats de travail précisant les obligations des chargés d'affaires. Je remets ces contrats en mains propres aux chargés d'affaires. Martin refuse de le signer, révélateur de ses craintes et de ses peurs.

Renouveler le parc informatique et ses supports, une urgence

L'entreprise est une société de prestations de services. Elle demande peu d'investissements. Afin d'offrir des conditions optimales de travail à mes chargés d'affaires et leur éviter ainsi d'être dérangés de manière intempestive par des appels téléphoniques extérieurs, j'investis dans un standard téléphonique professionnel centralisé.
L'accueil téléphonique est le premier contact qu'à le client avec l'entreprise, il est primordial de confier cette tâche à la secrétaire. C'est elle la plus compétente pour l'écoute, la prise de notes, de rendez-vous et la restitution exhaustive en temps réel des informations aux intéressés. D'autant que je peux m'appuyer sur

Mme Richard. C'est une salariée dévouée, fiable qui, de par son ancienneté, s'est familiarisée avec nos différents interlocuteurs et leurs antennes de direction au sein de « L'Institution ». Elle prend notamment en charge les appels pour notre département « dépannages » et participe à la gestion du planning d'interventions en intégrant le degré d'urgence. Le retour sur investissement est rapide avec une efficience de l'information et des actions qui en découlent.
Je renouvelle également le matériel informatique. Par la force des choses. Le matériel existant a fait son temps et présente une forte probabilité de pannes et de pertes de données. Les logiciels de bureautique en place ne sont plus exploitables. Dans les années 90, l'entreprise s'était trouvée suréquipée en matière d'informatique, principalement en termes de logiciel de trésorerie, produit proposé par notre client « L'Institution ». Ce domaine était un des lobbies de l'ancien directeur technique. Mais finalement, il s'était plus fait plaisir qu'autre chose, l'utilisation des outils restant confidentielle et non aboutie. Ceux-ci, avec l'évolution des supports technologiques, étaient devenus obsolètes, quelle gabegie ! Je dois tenir compte des spécificités de l'activité du bâtiment qui ne peuvent pas être traitées par les logiciels standards du moment. Je définis donc un cahier des charges, avec pour objectif, d'intégrer la gestion des achats et de la paie avec la gestion de projet. Nous pourrons ainsi ressortir des suivis de chantiers exhaustifs et rapides. Assurant seul, également, la fonction financière, j'ai besoin d'outils. Je commence par sous-traiter mon cahier des charges à un informaticien indépendant, relation du bureau d'étude. Mais il se montre, au final, inefficient. Côté matériel, je fais appel à une petite structure en informatique pour l'achat d'un nouveau serveur, de postes de travail et l'acquisition d'un logiciel d'exploitation, Batigest, au sujet duquel j'ai eu de bons échos.
L'entreprise engage un effort financier conséquent, d'autant que les conditions de paiement ne nous sont pas facilitées. Nous sommes contraints de payer au comptant le matériel. Le partenaire financier,

banque du prestataire informatique filiale d'un établissement de premier plan, refuse notre demande de financement. Motif : le plan de continuation en cours. Il faut se faire une raison : tant que celui-ci sera en vigueur, tout accès à des sources de financement extérieur sera compliqué, voire impossible. Cela contrarie fortement mon plan de trésorerie.
Pour paramétrer le logiciel Batigest suivant nos besoins, je fais appel à un prestataire informatique de la Fédération du bâtiment. Notre interlocuteur s'avère très efficace pour un coût d'intervention que je fais prendre en charge sur notre budget formation, dans mon souci d'optimiser les ressources. Le magasinier est satisfait : il dispose d'une gestion des encours d'achats, de suivis de livraisons. Mes chargés d'affaires sont satisfaits : ils ont une bibliothèque des prix d'achats mise à jour, une présentation de devis bancaires standardisée leur permettant d'être encore plus efficients dans leur établissement de devis. Personnellement, je gagne du temps dans la saisie de données comptables, les engagements d'achats se déversant directement dans la comptabilité à partir du module de gestion des achats. Je me suis donné les moyens d'une meilleure maîtrise de l'information dans des délais courts indispensable pour faire face à la croissance organique attendue de l'entreprise.

Investir dans la sécurité, indispensable pour crédibiliser notre professionnalisme auprès de nos donneurs d'ordre

La société a fait du secteur bancaire sa spécialité. Sur tous nos chantiers, les maîtres d'ouvrage ont missionné des coordinateurs de sécurité santé pour s'assurer de l'application et du respect des règles en la matière. J'engage ma responsabilité de chef d'entreprise. La protection de mon personnel et l'image de l'entreprise sont en jeu. Il n'est cependant pas toujours évident de satisfaire les demandes de ces coordinateurs compte tenu parfois de configurations de locaux bancaires exigus et de la présence simultanée d'autres corps d'état sur site, tenus à des plannings serrés. Je tiens absolument à ce que nous démontrions notre professionnalisme en y répondant au

mieux. C'est certes coûteux mais c'est un gage de sérieux auprès de nos clients.
Des investissements réguliers sont donc nécessaires pour acheter à nos grossistes du matériel d'élévation conforme : échafaudages, gazelles…. Pour notre activité « courant faible », j'équipe la société d'une valise de mesures nous permettant de délivrer une prestation complète à nos clients. C'est un équipement onéreux qu'il faut faire faire étalonner annuellement.
J'engage donc une véritable politique de l'investissement, orientant le peu de rentabilité dégagée vers l'appareil de production.

Il est grand temps de renouveler le parc des véhicules utilitaires grâce à l'externalisation

Dans mon organisation, j'accorde une plus grande autonomie à mes salariés. Elle est nécessaire à l'optimisation de leur temps de travail et doit conduire à une amélioration de la productivité. A cet effet, j'attribue à la majorité d'entre eux un véhicule utilitaire. Cela permet à la société de faire face à une grande dispersion régionale de ses chantiers, d'être réactif pour toute demande urgente en dépannage ainsi que de répondre aux contraintes d'encombrement de l'outillage transporté, gazelles, échelles, outillage portatif.
Je profite de ce changement de mode de fonctionnement pour renouveler progressivement la flotte. Jusqu'alors, la société était propriétaire de ses véhicules. Dubois faisait partie d'une génération qui avait subi les carences de la seconde guerre mondiale et pour qui, de ce fait, l'acte de propriété prenait toute sa valeur. Mais les temps ont évolué et de nouveaux modes de gestion de la flotte auto, avec par exemple la possibilité de louer ses véhicules, s'offrent à nous. Mon choix se porte sur la location longue durée. Ce mode de financement est pleinement adapté aux cadences élevées de roulage que nous faisons « subir » à nos véhicules. Autre avantage et non des moindres, il ne nécessite pas de financement extérieur. Il aurait de toute manière été quasi-impossible à obtenir, compte tenu du plan de continuation en cours. Ce mode de gestion permet de

maintenir une flotte récente, renouvelée tous les trois ans et d'y adosser un entretien régulier des véhicules dans le cadre d'une maintenance contractualisée.
Mon objectif est que mes collaborateurs se polarisent sur notre cœur de métier en leur offrant des conditions de travail optimales. Cela les change des tombereaux qu'ils avaient jusqu'alors entre les mains. Autre intérêt, les loyers mensuels sont comptabilisés dans la masse des frais généraux sans contrainte d'information, au contraire du crédit-bail qui impose, en annexe du bilan, d'énumérer de façon détaillée les contrats avec leurs échéances.
Je veux à tout prix éviter d'alourdir les engagements pris pour la société. Elle est suffisamment accaparée par son passif. Bien évidemment, la mise en place de ces contrats ne se fait pas sans contreparties. Je dois fournir des cautions personnelles aux organismes de financement agissant de concert avec les loueurs. Elles sont déterminées sur la valeur neuve du véhicule. J'accumule toujours plus d'engagements financiers personnels.

Encore de nouvelles cautions personnelles

J'avais construit une relation de confiance avec les principaux fournisseurs de l'entreprise lors de mon vécu de salarié, basée sur le respect de l'engagement donné et sur de la transparence. Une fois chef d'entreprise, ce travail de fond me permet de rétablir assez rapidement ce climat de confiance. Ils accordent à la société des autorisations d'encours de crédit. Mais ces découverts s'avèrent trop limités pour faire face à la forte augmentation de l'activité qu'enregistre l'entreprise. En effet, il me faut être capable de payer mes fournisseurs au comptant quand l'encours est dépassé ou dans le cas d'un nouveau fournisseur, alors que les règlements de mes clients sont contractuellement de 30 jours pour les dépannages ce qui est déjà enviable à l'époque et de 60 jours à date de facture pour les marchés. Par précaution, je dois m'assurer que mes chargés d'affaires établissent leurs factures en temps et en heure et que nos factures sont méritées, ne souffrant d'aucun litige travaux. Mais quand bien même nous nous projetterions dans le scénario le plus favorable, cela s'avèrerait insuffisant pour faire la jonction, terme employé par les financiers : « besoin en fonds de roulement ». Les délais de paiement sont un mal bien français très handicapant pour les PME à la trésorerie fragile. La loi LME, loi de la modernisation de l'économie 2008 a légiféré sur le sujet mais son application n'est pas toujours respectée à l'unisson par le public et le privé, la presse en faisant écho de temps à autre. En septembre 2015, par exemple, une étude révèle un délai de retard moyen de 13 jours à compter de la date d'échéance de la facture. C'est le problème du puissant contre le petit. Le journaliste évoque les grosses entreprises faisant porter des délais de paiement allongés de 13 jours supplémentaires aux entreprises moyennes qui sont leurs sous-traitants, profitant de ce temps pour placer leur trésorerie. Les moyennes répercutent sur les petites l'allongement des délais de paiement, ce qui est la cause de 25% de faillite de ces dernières. En attendant, me concernant, la machine est lancée, cette marche en avant ne doit pas se gripper, je dois absolument trouver d'autres sources de financement.

La société a gagné deux marchés communaux sur appels d'offre.

J'obtiens un accord de financement auprès de la Banque Publique d'investissement d'alors, OSEO, prédécesseur de la BPI, qui intervient conjointement aux côtés de l'une de mes banques. Je pensais innocemment que les marchés publics présentaient une garantie inébranlable. Détrompez-vous ! Des collectivités locales et des institutions publiques figurent sur la liste rouge d'OSEO en tant que mauvais payeurs. Ce concours préfinance les situations de travaux mensuelles validées par nos maîtres d'ouvrage. Mais pour que cela puisse être effectif, comme pour les facilités de caisse et les cessions de concours Dailly, je dois fournir des cautions personnelles.

Par la force des choses, j'entraîne mon épouse dans cette aventure, compte tenu du caractère personnel et solidaire des cautions. On peut se faire peur si l'on additionne l'ensemble de nos engagements soit 300 000 €. Nous ne pouvons qu'être stupéfaits d'autant de précautions pour se prémunir d'un éventuel non-paiement de collectivités locales ou de d'autres banques. Et ce n'est pas tout ! L'un de nos partenaires financiers, pour se couvrir, va jusqu'à prélever à la source 15% sur toute cession de nos créances dans le cadre du concours Dailly. Ces 15% nous sont restitués quand le client solde son marché, mais en attendant, l'argent est bloqué et dort. Autant dire de nouvelles prises de garanties alors que la notion de risque dans ces cas précis est quasi nulle avec le transfert de propriété adossé. Un mal bien français qui pourrait en décourager plus d'un...

Avec de tels modes de fonctionnement, il m'est intellectuellement difficile de caractériser ce mode de relation « partenariat bancaire ».

La recapitalisation, autre signe fort d'un engagement total

Je ne manque pourtant pas de montrer aux banquiers à quel point je crois en ma société : je prélève pour elle les 68 000 € sur le compte courant que j'avais repris du cédant. Je fais en effet procéder à une augmentation de notre capital social. Il passe de 38 000 € à 110 000 €. Une assemblée générale extraordinaire est nécessaire pour acter juridiquement l'opération. J'en profite pour mettre les statuts en conformité.

C'est un acte fort, confirmant mon engagement total et crédibilisant la société à l'égard des tiers, principalement des banquiers. Mes comptes sont publiés et renvoient au sérieux de la société, tant d'entreprises s'en exonèrent, avec une probabilité infime à l'époque de se voir poursuivies pour infraction pour défaut de publication soumis à une amende.

L'affectation de ces 68 000 € du compte courant au capital social de l'entreprise, permet de rendre les capitaux propres positifs, ce qui n'est plus arrivé depuis 10 ans. Côté personnel, c'est un fort engagement puisque cette somme, qui aurait été libérable à la fin du plan de continuation, est définitivement perdue pour moi.

On ne plaisante pas avec les formations électriques

Je suis gérant d'une entreprise d'électricité générale qui se veut sérieuse. Il serait suicidaire d'en rester aux carnets d'habilitations partiels et obsolètes que j'ai récupérés de mon prédécesseur. Bien que l'entreprise évolue en environnement basse tension, sous-entendant moins de risques que la haute tension, je dois délivrer à mon personnel des carnets d'habilitation électrique à jour. A cet effet, j'envoie tout le personnel de chantier en formation durant deux jours. Elle est dispensée par un organisme dûment habilité qui fait passer, au terme des séances, un test aux participants et qui, en cas de réussite, leur délivre une attestation électrique. Certes, c'est du temps consommé sur les horaires de travail, mais c'est une prérogative oh combien importante dans ma responsabilité d'employeur. Je suis donc couvert, sur le plan de la responsabilité civile, dans l'éventualité d'un accident de mon personnel. Quelques années plus tard, ces documents m'ont bien été utiles pour me couvrir d'un accident dû à des plans d'installations communiqués trompeurs.
De même, mes collaborateurs bénéficient d'une remise à jour de leurs connaissances théoriques sur les normes électriques en vigueur. Cette piqure de rappel ne leur fait pas de mal et par la même occasion ils se sentent considérés.

Autre handicap à surmonter : diversifier la clientèle

Accaparé durant la première année par les sujets ayant trait au suivi de la procédure collective, à l'organisation, à la gestion de la société et à une remise à niveau dans tous les domaines, je n'ai pas suffisamment de temps pour me consacrer au commercial. Ce sujet est pourtant prégnant. « L'Institution » pèse trop lourd dans le chiffre d'affaires de la société. C'est une bombe à retardement, autant la désamorcer au plus vite. Il faut donc nous faire connaître auprès de nouveaux prospects.

Peu de temps après ma prise de fonction, je suis démarché par une société de régie publicitaire… et relancé. Je finis par leur passer commande d'une insertion publicitaire dans « La lettre du Conseiller Général ». Ce support de communication permet aux élus départementaux d'informer leurs concitoyens sur les actions qu'ils mènent. Comme de coutume, ils remercient les généreux donateurs que sont les entreprises et leur souhaitent que ce support soit efficace pour leur promotion. Le manager de la société de régie publicitaire en charge des relations extérieures m'obtient une audience auprès de l'un des élus. Je rencontre furtivement ce Conseiller général, entre deux portes, lui présentant brièvement ma société.

Je me rends très vite compte que cette société ne se contente pas de la vente d'insertions publicitaires. En fait, c'est seulement un produit d'appel. Car, je continue d'être relancé de manière insistante par ses représentants pour souscrire d'autres contrats. Son activité repose en réalité sur un rôle d'intermédiation dans les affaires. Ils ont réussi à me convaincre qu'il existe un marché caché des appels d'offre. Leur argumentation est que les élus ont quelques dossiers à sortir rapidement au cours de leur mandature et que la lourdeur des marchés publics « à la Française » ne le permet pas. Je signe donc en octobre 2002, une convention d'intermédiation pour un montant substantiel de 40 000 €. J'ai négocié un échéancier de paiement. La présentation de la convention est engageante, définissant clairement la mission. De quoi me rassurer sur l'issue heureuse d'un partenariat avec cette société.

La convention est de nature à permettre à l'entreprise d'accéder plus rapidement à de nouveaux marchés, ceux-ci se révéleront propices à assurer notre pérennité. Selon les termes de la convention, le prestataire s'oblige à présenter l'entreprise à des intermédiaires exerçant dans la mouvance politique. Il doit étudier avec l'entreprise, dans des délais prédéfinis, les voies et les moyens pour la réalisation des objectifs de chiffre d'affaires que nous avons définis, 450 000 €, et mesurer les résultats lors d'un audit planifié.

Notre interlocuteur au sein de cette société me demande d'adresser à une vingtaine de ses référents un courrier type suivant un modèle qu'il me communique. Tout passe par sa validation. A la suite, il me prend des rendez-vous avec des politiques ou des donneurs d'ordre. Ces entretiens doivent permettre à l'entreprise d'être informée et orientée sur des projets en amont, d'avoir connaissance auprès de la direction technique de l'enveloppe budgétaire du projet et d'être renseignée à postériori du dépouillement des appels d'offre.
Le cabinet s'appuie sur un réseau de partenaires. Etrange, celui qui était initialement convenu pour assurer des rendez-vous avec des donneurs d'ordre privés, est finalement remplacé par Mme Rousseau, sans que jamais je n'obtienne d'explication sur les raisons de ce changement. Je fais connaissance de cette personne, d'un âge respectable et au carnet d'adresses bien fourni. Sa carte de visite fait divaguer vers la voyance. Je l'imagine bien envoutant ses contacts. Pure fiction, bien entendu !
Toujours est-il que Mme. Rousseau m'obtient un entretien au sein de la direction du pôle travaux d'une grande entreprise nationale. Cette dernière nous consultera sur une opération de réhabilitation d'un immeuble de prestige. Mais à l'image du marché traditionnel, notre offre s'avérera trop chère, le donneur d'ordre ayant même la main sur la tarification du matériel électrique spécifique imposé. Je ne donne pas suite à cette affaire. Je n'ai pas souscrit à cette convention pour travailler à perte.
Je fais le point avec mon référent sur les premiers mois au sein de son cabinet. Je découvre le monde du lobbying, des hommes de l'ombre dans une atmosphère feutrée de bureau, jouant beaucoup sur l'apparence, un brin mégalo, prétendant être en contact satellitaire avec les plus hautes instances du pays et m'évoquant même une invitation à un cocktail en comité privé, en présence du Président de la République d'alors. A ce stade, je n'ai pas de reproches à faire, étant entendu que j'ai été mis en relation avec des personnes d'influence méconnues du grand public. Je garde toute

confiance d'un retour prochain sur investissement, avec le positionnement de ma société sur des affaires calibrées.

Essentiel pour moi : maintenir un esprit d'équipe

L'ambiance au sein de la société est bonne et complice.
L'organisation d'un déjeuner de fin d'année me parait judicieuse afin de resserrer les liens entre tout le monde. Moi le premier, car je prends plaisir à les écouter, évoquer leurs centres d'intérêt, voire leurs passions. L'un des dépanneurs est un fou de modélisme et fréquente les salons ; deux autres monteurs sont passionnés de vélo, discipline que je pratique moi aussi ; un autre est organisateur de soirées d'animations musicales.
Ce repas est l'occasion de poursuivre ces conversations et de les partager avec ses collègues. Je réserve donc une salle de restaurant juste avant les fêtes de Noël. Nous passons un moment très convivial, chaleureux où chacun est détendu, plaisantant à qui mieux mieux. Ce que je retiens, c'est que cette demi-journée est réussie. C'est bien là l'essentiel. Enfin des collaborateurs épanouis et qui expriment leur joie !

Juin 2003, tout aurait pu basculer

Les retards d'exécution de chantiers qui ont justifié de se séparer de Garnier, entraînent des reports de dates de livraisons, le temps de lever toute réserve. En attendant, les clients concernés bloquent le règlement du solde de leurs marchés. Et cela représente des montants substantiels. Ils sont dans leur bon droit, d'autant que nous leur devons, en pièce contractuelle, la fourniture d'un dossier d'ouvrage exécuté, formalisé sur informatique.
Nous supportons également une réorganisation au sein de notre principal client, entraînant un décalage de nos règlements.
Ces difficultés, doublées d'une activité en forte hausse, impactent nos besoins de trésorerie immédiate.

Avant de m'absenter sur une courte période pour congés, je procède.au règlement par chèque de toutes les échéances sociales. Il en résulte que je dépasse le découvert bancaire autorisé. Le directeur de l'agence, moins conciliant que son fondé de pouvoir, menace de rejeter tous les chèques, sans se soucier des conséquences graves que son action pourrait entraîner. Un rejet de chèques signifie un potentiel fichage Banque de France, de mauvaise augure auprès de mes banques. Je reviens donc précipitamment et prépare un prévisionnel de trésorerie assurant de rentrées d'encaissements à venir. Face aux menaces du banquier, je lui oppose la menace du dépôt de bilan, décision qui serait irréversible. Nous sommes tous les deux dans un jeu de dupe.
Cette situation est intenable et cela fait plusieurs jours que cela dure. Je me résigne à faire appel aux services du patron du cabinet d'expertise comptable. Connaissant son influence sur la place en termes de business, je sais pertinemment que je dispose d'un appui. Et il m'assiste, en effet, lors du rendez-vous avec le directeur de banque qui devient, du coup, pour moi, jubilatoire. Car non seulement, je suis bien accompagné mais je viens, en plus, d'apprendre ce matin, des informations heureuses : des rentrées de trésorerie importantes sont arrivées sur notre compte. Notre compte n'est plus dans le rouge, notre position bancaire est désormais très positive !
Mon directeur de banque est dans une position pour le moins inconfortable. Il manifeste quelques signes de fébrilité et se montre tout à coup très conciliant ! Il va jusqu'à me proposer une renégociation des autorisations de concours bancaires de la société. Je n'en demande pas tant, ce qui m'importe plus que tout est qu'il assure la couverture des chèques émis envers les organismes sociaux. Je suis satisfait de mon coup. J'ai gagné en crédibilité et marqué un point important. A peine sorti du rendez-vous, l'expert-comptable me confie qu'il s'est senti inutile. Et pourtant ! Il n'est pas dans mon habitude et dans ma nature de me servir des influences de chacun, mais le jeu en valait la chandelle. Mais j'ai bien

compris qu'en pareille situation, il n'y a pas d'autres alternatives qui démontre une efficacité aussi redoutable.

Les fins d'exercice 2003 et 2004 se passent sans encombre

Une activité qui prend son envol

La nouvelle politique mise en place porte ses fruits dès la fin 2002. Le chiffre d'affaires de la société, jusqu'alors au statu quo, progresse de manière significative, passant en un an, entre 2002 et 2003, de 2 600 000 € à 3 600 000 €. M. Moreau, le nouveau chargé d'affaire embauché pour remplacer Garnier, permet de maintenir ce niveau en 2004. L'activité est plus conforme à l'outil de production et conforte mon diagnostic sur les limites de capacités des chargés d'affaires en place.
L'autre élément positif est que cette hausse d'activité a été générée avec de clients nouveaux et, qui plus est, essentiellement dans notre spécialisation. M. Moreau nous a fait profiter de ses contacts auprès de trois nouveaux établissements financiers. Dans le même temps, M. Chevalier, une de mes relations amicales, nous a permis de capter un nouvel établissement. Nous avons ainsi en portefeuille un bel échantillon des enseignes financières. Du coup, la quote-part de « l'Institution » dans notre chiffre d'affaire diminue naturellement. Elle est plus conforme aux ratios admis en matière de dépendance à l'égard de son client principal.
Décembre 2004 : nos factures-clients se montent à 500 000 €. Nous n'en avions jamais fait autant. C'est une preuve de notre dynamisme.

Une hausse d'activité réfléchie et maîtrisée

L'entreprise assoit donc son positionnement dans le domaine bancaire. D'une enseigne à l'autre, le concept change mais les fondamentaux de nos interventions restent immuables. Le personnel a de l'expérience et est rompu à la typologie de ces travaux, notamment « en clientèle ambiante ».
Afin de respecter scrupuleusement les délais de livraison, je renforce les effectifs par des intérimaires. Ils sont délégués par une société d'intérim partenaire, spécialisée en électricité et dont le responsable deviendra par la suite une relation amicale. D'autant que sur la dernière banque gagnée, notre prestation consiste à la maintenance

du siège, avec deux monteurs détachés en quasi-permanence. Que du bonheur…. une facturation au temps passé, cette fois-ci pas possible de sous-évaluer la prestation ! Nous avons hérité, et ce n'est pas la première fois, de la perte partielle du contrat par l'entreprise précédente, qui s'était installée dans une position trop confortable et ne produisait plus les efforts nécessaires pour satisfaire le client. Comme quoi, tout dirigeant doit être attentif à la relation qu'il entretient avec ses clients, y compris quand l'affaire semble « dans le sac ». C'est du donnant-donnant.
Toutes ces opérations font sortir une rentabilité satisfaisante sur ces nouveaux projets. Malheureusement elle ne saute pas aux yeux dans les comptes d'exploitation, masquée qu'elle est par les lourdes charges liées à la restructuration engagée. Au final, l'entreprise dégage bien des bénéfices mais anecdotiques.

Prendre les devants et être transparent sur les comptes

Fidèle à mon habitude, je me déplace dans les locaux de la société française d'assurance-crédit pour leur remettre mon bilan, agrémenté de commentaires et d'un prévisionnel d'activité.
Ce sérieux paye puisque m'est accordé, en début d'exercice 2005 et ce, avant la dernière échéance du plan de continuation, des ouvertures de lignes de crédit auprès de nos grossistes habituels. L'analyse objective des comptes et du fonctionnement de la société, sans langue de bois, a manifestement été saluée par nos interlocuteurs. L'un des directeurs d'agence de nos grossistes, épaté, me dit qu'il n'a jamais vécu ce cas de figure venant de la part de cette assurance, d'ordinaire si rigide dans ses autorisations !
Ces lignes de découverts nous sont très utiles. Entre autres, pour mener à bien la réhabilitation de deux marchés communaux qui nécessitent l'avance d'un équipement important d'éclairage. Le responsable d'agence a l'approbation de sa hiérarchie pour compléter nos facilités de découvert, l'achat portant sur le montant substantiel de 200 000 €. Ce niveau d'engagement révèle une grande confiance dans la politique menée. Car dans cette histoire, les

décideurs mettent en jeu leurs places. De même, la société d'intérim est très engagée et son dirigeant d'agence m'accorde sa confiance.
Je suis pleinement satisfait et reconnaissant, que des acteurs valident indirectement mon projet de redressement. Les échéances du passif 2002, 2003 et 2004, représentant la somme totale de 270 000 €, sont réglées en temps et en heure.

Toujours aller de l'avant, sentir le marché, saisir l'opportunité

Entrepreneur dans l'âme, je ne souhaite pas en rester là. Il faut préparer l'avenir et consolider notre offre de service afin d'avoir toujours un temps d'avance sur la concurrence. La dynamique et les circonstances sont favorables pour lancer les projets.
M. Chevalier, ma relation amicale qui a déjà démontré ses qualités commerciales et son esprit accrocheur, se trouve à un tournant professionnel. Il aspire à retrouver un poste qui lui garantirait une certaine indépendance, comme il avait pu le vivre par le passé. Il souhaite, en outre, revenir durablement sur la région parisienne. J'ai en tête, depuis quelques temps, la création d'une nouvelle société qui aurait pour activité le courant faible dans toutes ses déclinaisons. Celui-ci rassemble les technologies autour de la téléphonie, du digicode, du contrôle d'accès, de la vidéosurveillance, de la domotique. Ma société fait déjà bien sûr du courant faible, mais limité au câblage informatique des agences bancaires et à leur raccordement au réseau de France Télécom. Je veux une société dédiée uniquement au courant faible. Sa création impose peu de moyens financiers en rapport à ce que coûterait le rachat d'une société existante, le risque est donc maîtrisé. J'ai en plus l'opportunité, avec Chevalier, d'offrir la direction à quelqu'un qui pourrait s'accomplir pleinement dans un secteur très prometteur en termes d'évolutions technologiques et d'applicatifs.
Nous sollicitons les aides allouées aux créateurs d'entreprise. Je monte le business plan et le défends pour l'un des prêts d'honneur, devant une commission associative qui a pour objet le soutien et l'initiative économique. Et qui je retrouve au sein de cette

commission ? … mon directeur de banque… comme le monde est petit ! Ce dernier, au même titre que d'autres membres, n'est pas tendre et me pose des questions incisives, du genre : « vous envisagez de vider le fonds de commerce de votre société ? ». Faut-il y voir un effet collatéral de notre rendez-vous de juin 2003 qui avait tourné à mon avantage ? En tout cas, je constate que la première chose qui lui vient à l'esprit est une approche négative, mal bien français au demeurant. Il extrapole mon projet en une action dévoyée de ma part. C'est bien mal me connaître. J'ai toujours agi avec, pour préoccupation première, le respect des lois et des règles sur le plan de l'éthique. Je le démontre chaque jour depuis ma reprise de la société. Je défends devant l'assemblée la séparation claire de nos deux activités. Il faut croire que je suis suffisamment crédible, puisque nous obtenons facilement le prêt d'honneur. Il complète celui que l'Association Française des Administrateurs et Créateurs d'Entreprises, plus connue sous le nom de l'AFACE (*), nous a accordés. Cela fait au total 55 000 €, c'est appréciable pour un démarrage d'activité.
Ces prêts ont leur spécificité et consolident les fonds propres de la société. Ils constituent aussi une garantie en quasi-fonds propres pour les banquiers si nous faisons des demandes de financement complémentaires pour les investissements opérationnels.
Contrairement au courant fort, le courant faible réclame un matériel de contrôle coûteux, des appareils de mesure. La banque nous octroie le prêt. Tout va donc pour le mieux à ceci près que la mise en place des prêts est conditionnée par ma participation à 50/50. Moi qui voulais m'effacer dans le fonctionnement de cette nouvelle société, c'est raté. Mais ça y est, elle est lancée. Il faut embaucher un premier technicien.
Par ailleurs, je fais connaissance de M. Leroy. Il est dirigeant d'une microstructure dans la climatisation. Cette activité, connexe à l'électricité, retient depuis longtemps mon attention. Cela nous donnerait la possibilité d'élargir notre champ d'appels d'offre et de proposer une offre technique globale. Ce serait développer, non pas

le marché du particulier, mais bel et bien celui de la climatisation professionnelle. Celui-ci est très encadré, par toutes les obligations et demandes d'autorisations qu'il impose, notamment en termes de traçabilité des produits frigorigènes utilisés.
J'apprécie la technicité de Leroy. Au hasard d'une conversation informelle, il évoque son départ en retraite. De fil en aiguille, j'anticipe un projet de reprise de sa société. Quand je lui en parle, il me met en contact avec son conseiller. Quelle n'est pas ma surprise, lors du premier rendez-vous, de retrouver une connaissance d'il y a 10 ans ! J'ai travaillé avec M. Thomas lors de mon détachement au sein d'une filiale d'assainissement que la société pour laquelle je travaillais avait alors rachetée. Les contacts n'en seront que facilités. Nous sommes sur une zone géographique proche, c'est vrai. Mais quand même, que de circonstances fortuites !
Les négociations démarrent avec l'entrée en jeu de mon avocat. Cette très petite entreprise se singularise par la dilution de son capital social, réparti entre 7 associés. Parmi eux, Leroy, qui ne détient même pas une minorité de blocage, et Mme Leroy qui assure le mandat de gérante. Croyez bien que les 5 autres associés ne sont pas de simples détenteurs de parts en blanc, ils assument pleinement leur mandat. Compte tenu que la société a été peu généreuse en distribution de dividendes, ils espèrent pour le moins une optimisation fiscale sur leurs éventuelles cessions de parts, juste retour mesuré d'un actionnaire. C'est avec cet objectif en tête que je justifie l'aide de mon avocat, car il est compétent en la matière et en veille sur les évolutions récentes des lois sur les cessions.
Le premier rendez-vous, au siège de la société basée dans un village de campagne, est un moment champêtre et bucolique pour mon conseil, plus habitué aux bureaux feutrés parisiens. Nous faisons inopinément connaissance de la fille Leroy, elle-même comptable au sein de l'entreprise. Elle ramène son poney du champ ! Grand moment de dépaysement et une véritable parenthèse dans notre vie stressée parisienne. La société est saine, sans concours bancaires, et bien au contraire, dispose d'un « matelas » avec des placements.

Cette reprise serait portée par notre nouvelle société de courant faible. Des économies d'échelle entre nos entités rendent le projet viable avec l'accompagnement de Leroy en tant que conseil technique éclairé. S'appuyer sur le savoir-faire d'un technicien très expérimenté est indispensable et ne s'improvise pas. Mon avocat établit un protocole de cession des parts sociales dans le courant de l'été 2005.

Aller au bout de mes idées pour un modèle sociétal

La propriété du fonds de commerce, un serpent de mer

Mais revenons un peu en arrière. Mai 2003 : mon avocat travaille à la formalisation de l'approbation des comptes pour l'exercice 2002 sur la base de mon avant-projet. Et il s'aperçoit, en consultant le registre du Commerce et des Sociétés, que notre entreprise apparaît toujours comme locataire du fonds de commerce !

Il interroge donc le conseil de Dubois car nous avions annexé à la cession des parts sociales un projet de mutation du fonds de commerce. Il aurait donc dû accomplir les démarches au plus vite ! Mon avocat insiste bien sur le fait que, dans le cas où ces formalités n'ont pas été effectuées, il faut y procéder sans retard. Il en vient même à proposer ses services ! De façon totalement inattendue pour nous, cette cession est demeurée à l'état de projet ! Aucune formalité nécessaire à la mutation effective des éléments du fonds de commerce n'a été mise en œuvre !

Dubois et son conseil nous placent une fois de plus dans une situation délicate. Cela commence à faire désordre de la part d'un cabinet de conseil reconnu. Je pensais leurs représentants habilités à s'assurer de la bonne application des textes, agissant d'autant plus légitimement quand ils assurent un rôle de conseil… Eh bien non !

Ce sujet ne doit surtout pas être pris à la légère. Je m'expose au paiement de droits fiscaux sans commune mesure avec la valeur effective des éléments du fonds de commerce détenus par Dubois. De plus, cela crée une confusion pour tout tiers qui consulterait le greffe, puisque le nom de Dubois apparaît toujours.

Mon conseil doit trouver une solution technique pour m'éviter ce risque. Comme pour toute rédaction d'acte, le principe de précaution s'impose. Il prend donc attache auprès de l'administration fiscale. Il lui faut également se documenter sur les termes du contrat de location-gérance initial. N'ayant une fois de plus pas pu se procurer cette convention directement auprès de Dubois ou de son conseil, il doit se rapprocher du greffe pour obtenir un tirage de ce contrat qui avait dû être déposé en 1975. Prenant acte de tous ces manquements, je décide, de ma propre initiative de suspendre le paiement de l'échéancier du compte courant de Dubois.

Janvier 2004, mon avocat propose un projet d'acte de réitération (*) : celui-ci permettrait, par effet rétroactif, d'assurer le transfert de propriété du fonds de commerce le jour de ma prise de possession de la société, c'est-à-dire en février 2002. Il obtient la signature de Dubois et se montre optimiste quant à celle de l'administrateur judiciaire, nécessaire dans le cadre du plan de continuation. Le seul souci qu'il envisage est que, par principe de prudence, ce dernier nous contraigne à faire homologuer cet acte de réitération par le Tribunal de Commerce.

Au final, une désillusion de plus, l'administrateur judiciaire ne fait pas suite à notre demande de paraphe et de signature de l'acte, nous laissant dans l'expectative la plus totale. Mon avocat se contente du document en sa possession et poursuit donc de manière déterminée les démarches de publicité auprès du greffe, valant cession du fonds de commerce pour un euro symbolique. Nous verrons par la suite que notre action aura été déterminante.

Je suis dans l'obligation de faire du résultat, aucun de mes cadres ne peut s'y soustraire

« Monsieur » Martin est une institution au sein de la société. Fort de son ancienneté et de sa proximité avec Dubois, il se sent intouchable, persuadé qu'il restera à son poste jusqu'à sa demande de retraite. C'est mal me connaître. J'ai procédé jusque là, étape par étape, à la restructuration de ma société, traitant les dossiers selon l'acuité du moment. Deux de mes chargés d'affaires répondent aux prévisionnels d'activité et de résultat avec 1 300 000 € de chiffre d'affaires réalisé par chacun et, élément prépondérant, une activité rentable sur l'exercice 2004. Suite à la perte de son client fétiche, Martin voit fondre ses résultats : son chiffre d'affaires n'est que de 730 000 € et il ne cesse de dégringoler. Ce niveau d'activité est très insuffisant pour supporter le coût salarial de son équipe, lui compris après imputation des consommations d'achats de ses chantiers. Confronté à de nouveaux prospects, il est obligé de se découvrir pour enfin établir de véritables devis, mais, et c'est à déplorer, toujours manuellement. Il se montre réfractaire à l'informatique alors que le bureau d'étude se tient à sa disposition pour le former et que « quand on veut, on peut » : Moreau, le dernier chargé d'affaire embauché, sans formation, s'est bien approprié l'outil. Il faut donc encore voir dans cette réticence à l'informatique de Martin, une volonté délibérée de sa part d'opacité : ses chiffrages sont inexploitables pour une analyse fouillée des dérives poste par poste dans un temps décent. Le logiciel donne directement les prix d'achat de nos matériaux, une fois appliquée la remise que nous font nos grossistes. Cette base est mise à jour tous les six mois. De même, des tâches travaux récurrentes avec temps de pose et achats ont été créées, facilitant l'élaboration du devis. Le matériel préconisé par Martin s'avère souvent inadapté, l'attestent des erreurs de commande qui dorment dans l'atelier, à l'image de sections de câble, fabriquées sur mesure, inappropriées, ce qui m'est insupportable en terme d'argent jeté par les fenêtres. Le bureau d'étude et son chef de chantier me sont utiles pour contrôler autant que faire ce peu, en amont, ses commandes et ses descriptifs. Les temps d'exécution de ses chantiers sont souvent dépassés. Plus grave, Martin se comporte en électron libre, honorant peu de sa présence les réunions hebdomadaires de chantier et les déléguant à son personnel d'exécution. Afin de brouiller les échanges lors de mes venues dans son bureau, il recourt à sa langue natale avec ses interlocuteurs. Je lui ai expliqué, comme à ses collègues, l'impérieuse nécessité de dégager une rentabilité, une épée de Damoclès pesant sur la tête de la société.

Je suis donc placé devant un cruel dilemme : que faire dans l'urgence ? D'un côté, je ne peux plus tolérer des méthodes de travail inadaptées de sa part au regard de sa fonction d'ingénieur d'affaires maison. De l'autre, l'affect rentre en ligne de compte, le respect de sa personne, de son âge, de sa fidélité à la société, de sa culture, les échanges informels sur l'actualité que nous avons régulièrement. Depuis ma prise de fonction, je ne lui ai pas adressé de mise en demeure pour grief. Et pour cause… Soucieux de préserver le personnel d'exécution, je ne pouvais pas démembrer le staff technique d'une seule traite en même temps que Garnier. Mon pouvoir d'employeur m'aurait pourtant légitimement autorisé à le licencier pour insuffisance professionnelle. Avec mon avocat, nous optons pour une modification, pour motif personnel, de son contrat de travail : je le mute d'office au poste de chef de chantier avec une période probatoire. Cette dernière n'est pas une période d'essai et amène à confusion comme présentement. En effet, si la période probatoire n'est pas satisfaisante, le salarié est rétabli dans son emploi antérieur. Cette fonction moins stratégique nous apparaît plus adaptée à ses compétences professionnelles : il n'aura ainsi plus de contact avec le commercial. De cette façon, j'empêcherai les vieilles tentations du passé de ressurgir et stopperai le harcèlement qu'il subit continuellement de la part de ses anciennes relations de clientèle privilégiée. Il tente d'apporter des éléments de réponse à mes reproches mais n'est pas convaincant, bien au contraire. Il annonce un montant de marchés signés, de 420 000 €, à valoir sur le début de l'exercice 2005, mais il n'en détaille pas les plannings d'exécution, à bien regarder, certains marchés ont un délai d'exécution d'une année… Bref, encore de l'enfumage… fidèle à lui-même !

Il finit par refuser le poste de chef de chantier. En dernier recours, il ne me reste plus qu'à le licencier pour motif réel et sérieux. A l'époque, la rupture conventionnelle qui rencontre le succès que l'on sait aujourd'hui n'existait pas, c'est bien dommage. Dans de telles conditions, je l'exempte de son préavis qui lui est payé. Compte tenu de son ancienneté, son indemnité de licenciement économique est substantielle : 50 000 €. La société rencontrant des difficultés de trésorerie, conséquence, entre autres, de ses propres pertes de chantier, nous lui demandons son autorisation pour échelonner le

paiement de son indemnité. Comme on pouvait s'y attendre, il refuse et saisit le Conseil des Prud'hommes en référé pour obtenir le paiement immédiat de son indemnité. Celui-ci fait droit à notre demande, nous obtenons dix mois pour le payer, ce qui permet à la trésorerie de souffler.
Le coût de départ de Martin représente un montant global de 70 000 €, comptabilisé en charges exceptionnelles. Une page se tourne avec le départ de ce salarié qui a su profiter de la confiance inébranlable de l'ancien dirigeant pour asseoir son positionnement au sein de la société et qui voit un nouveau dirigeant, ancien salarié, le licencier pour des méthodes de travail inadaptées sur le plan de la légalité et pour des résultats d'activité en déconfiture.
Je marque mon autorité, ce qui était impensable. Je le fais, pensant avant tout au bien de la société.

Imprévus et aléas, le quotidien du chef d'entreprise

Une démission impromptue qui contrarie tous mes plans

Je ne suis pas au bout de mes peines. Courant 2005, le dernier chargé d'affaires embauché, Moreau, démissionne alors qu'il donne pleine satisfaction. Il motive sa décision par un manque de moyens en personnel. Son explication est partiellement acceptable puisque Martin parti, il récupère une partie de son effectif. Il lui appartient donc de réorganiser son équipe afin de répondre au mieux aux attentes de ses clients. Il est persuadé que je polarise les moyens sur le troisième chargé d'affaires, M. Bonnet. Ce qui est faux. C'est un mauvais procès. Il aurait dû faire preuve d'une plus grande patience. Le secteur du bâtiment souffre d'une pénurie de main d'œuvre. Trouver sur le marché de bons monteurs électriciens opérationnels s'avère mission quasi impossible. L'apprentissage n'est plus ce qu'il était, l'instabilité et l'immaturité de la jeune génération n'assure plus la relève, j'en fais l'amère expérience. Quand on veut trouver des gens sérieux et qualifiés, il n'y a plus qu'une solution : les débaucher d'autres entreprises avec la prise en compte d'un risque inflationniste sur leurs prétentions salariales. Moreau en est un parfait exemple.

Lorsque je lui remets son solde de tout compte, je lui demande ce qu'il envisage pour la suite de sa carrière. Il me dit qu'il hésite entre un poste chez un concurrent ou créer sa propre structure. Ce qu'il y a de sûr, c'est qu'il quitte l'entreprise en ayant une proximité avec la secrétaire. Il n'est pas nécessaire d'être un spécialiste des ressources humaines pour s'apercevoir que, quand une personne change totalement et brutalement d'apparence, comme l'a fait Mme Richard ces temps derniers, cela est révélateur de quelque chose. Un souci de plus, je devrai dorénavant être vigilant avec elle.

Pour remplacer Moreau, je missionne un cabinet ayant une certaine notoriété, s'annonçant spécialiste du BTP. Quatre candidats se succèdent à son poste, mais je n'en garde aucun. L'un s'est survendu, l'autre au bout de quelque temps se prétend fréquemment malade et le dernier annonce des rendez-vous commerciaux les vendredis après-midi alors qu'il va en réalité à la chasse… Un tel taux d'échec me laisse perplexe. Je finis par contracter avec un candidat grâce à une mise en relation familiale.

L'arrêt brutal du plan de redressement de l'entreprise sur 2005

Un exercice 2005 aussi mouvementé ne peut que conduire à une situation de retournement : un résultat en perte de 340 000 €. Côté produits, nous avons pu maintenir, et c'est assez miraculeux, le chiffre d'affaires à 3 200 000 €, enregistrant un fléchissement d'activité de seulement 9 %. Côté charges, je n'ai pas à chercher bien loin. Avec les pertes sur chantiers de Martin, son coût de licenciement passé en charges exceptionnelles, les frais de procédure, les honoraires de conseils, l'investissement à fonds perdus pour le remplacer, nous détenons l'explication.
Pour couronner le tout, « l'Institution » exclut dorénavant la fourniture du gros matériel de ses cahiers des charges dans ses appels d'offre. Elle traite maintenant en direct avec le fabricant d'éclairage, objet d'un contrat cadre national. Nous perdons là l'occasion d'assurer notre marge au travers du matériel.
L'exercice 2005 anéantit le fragile redressement amorcé jusque-là. J'assume pleinement mes décisions de restructuration. C'est sans regret car l'esprit de droiture et de bonne conscience prévalent, ma responsabilité de gérant s'en trouve d'autant plus préservée. Confronté à une démission concomitante au licenciement de Martin, c'était beaucoup trop à supporter sur un seul et même exercice pour une PME de cette taille… La trésorerie s'en ressent, nous conduisant à des difficultés pour faire face à nos dettes fiscales et sociales à court terme. Nous subissons des pénalités de retard.

Une mise en relation qui se révèle, être un flop

En confiance avec la société de régie publicitaire qui me met en relation avec des personnes de l'univers politique, je ne prête pas suffisamment attention à la remarque que me fait un des conseillers

généraux rencontrés. Lors de ce bref échange, il me chuchote, que si c'était à refaire avec cette société d'intermédiation, il ne le referait pas. Il me déclare ne pas apprécier les méthodes de démarchage employées. Cette révélation aurait dû m'interpeler. Les faits attestent vite que le prestataire ne respecte pas les engagements pris dans la convention, qui m'a quand même coûté, au bas mot, 40 000 € !
La personne qui m'a été détachée, Mme Rousseau, n'est pas celle qui avait été mentionnée dans la convention, 1er couac. De plus, les marchés que le prestataire m'a proposés jusqu'à maintenant sont surdimensionnés, demandant des qualifications dont la société ne dispose pas. Il est pourtant pleinement informé de nos capacités techniques. L'audit interne, prévu dans la convention, n'a pas été mis en place. Cette société est intervenue tout au plus comme organisatrice de rendez-vous avec des personnalités évoluant dans la mouvance politique et comme indicateur d'affaires. En octobre 2003, invité par cette dernière à faire un point de situation, je n'ai pas manqué de leur opposer que notre dossier restait à l'état embryonnaire. Les quelques marchés que notre interlocuteur nous indiquera au cours des mois suivants ne changent rien, c'est un feu de paille. Et au printemps 2004, le prestataire met un terme à toute relation, ne donnant plus suite à mes courriers, ni à la justification de ses diligences auprès de mon conseil. Des bruits circulent que le manager en charge des relations extérieures, celui avec qui nous avons signé la convention, a quitté précipitamment la société, pour abus de biens sociaux. Bien malgré nous, nous sommes confrontés à un système mafieux.
Cette situation m'insupporte. Nous présentons donc une requête à Monsieur le Président du Tribunal de Commerce auquel est rattachée la société d'intermédiation. C'est à nous d'apporter la preuve de la défaillance de cette dernière, dans la mesure où celle-ci est considérée comme créancière de l'obligation de moyens. Nous devons donc démontrer son incurie ou sa carence. Nous sollicitons le Président du Tribunal de Commerce pour qu'il autorise la désignation d'un huissier de justice, ce qu'il fait par ordonnance en

septembre 2005. Sa mission est de se rendre au siège social de la société en question, ainsi qu'au sein de son établissement secondaire, pour se faire délivrer copie de tous les documents établissant la réalité et l'étendue des prestations qu'elle nous a fournies dans le cadre de la convention d'intermédiation. Le Président stipule que l'huissier de justice peut éventuellement se faire assister d'un commissaire de police.
Le jour J arrive, en janvier 2006, deux huissiers coordonnent leur intervention. Sur site, l'un constate que le siège de la société n'est en fait qu'une domiciliation postale. Il en conclut que toute la correspondance doit se trouver dans l'établissement secondaire. Il en profite pour identifier la gérante de la société. Le deuxième huissier, assisté d'un fonctionnaire de police, se présente dans la foulée à l'établissement secondaire, où se trouve la gérante. Il lui fait lecture de l'ordonnance rendue par le Tribunal de Commerce et lui remet une copie certifiée conforme. La gérante soutient que l'opération n'est pas légale et qu'elle en fera part à son avocat. Il faut croire que l'on écoute aux portes car aussitôt, coup de téléphone et c'est l'avocat en question, le hasard fait bien les choses…. Elle passe l'appareil à l'huissier. L'interlocuteur lui répète que l'opération est illégale et, avec un ton menaçant, lui demande de quitter les lieux instantanément. L'huissier indique ne pas vouloir poursuivre la conversation dans de telles conditions et raccroche. L'interlocuteur téléphone à nouveau. La gérante demande à l'officier de police de prendre à son tour le téléphone, ce qu'il fait. Il tente de calmer la situation mais en vain. L'interlocuteur au bout du fil est toujours aussi menaçant et l'officier de police coupe lui-aussi court à l'entretien. La gérante quitte le bureau sans donner d'explication. Puis, réapparaît en déclarant qu'elle refuse de communiquer quoi que ce soit. Elle met en contact l'huissier avec un nouvel interlocuteur qui prétend également être avocat, mais déclare étrangement ne pas avoir en charge ce dossier. On n'y comprend plus rien. L'huissier lui définit le but de sa mission. L'individu rassure alors l'huissier en lui déclarant qu'il va demander à la gérante

d'obtempérer. Celle-ci, reprenant le téléphone, parle un moment avec ce dernier. Brusquement, plusieurs personnes débarquent dans le bureau. La gérante réitère alors son propos à l'égard de l'huissier, lui réaffirmant que son intrusion est illégale et lui ordonnant d'un ton méchant de sortir de ses locaux. Ces conditions amènent l'officier de police à demander du renfort. Quatre fonctionnaires de police en uniforme arrivent dans les locaux. Nous sommes dans un épisode de pure série américaine à l'image de Starsky et Hutch. Au final, au bout d'1h30 de palabres, la gérante affirme ne détenir aucune pièce du dossier et dit les avoir adressées à un autre conseil. Elle s'engage à transmettre dès la semaine suivante l'ensemble des pièces à l'huissier de justice. Force est de constater, la semaine suivante, qu'aucun document n'est reçu à l'étude.
Ces faits conduisent mon conseil à conclure à la carence du prestataire et demande au tribunal de constater sa défaillance. Il sollicite en réparation du préjudice subi, la restitution de la rémunération de la convention restée sans contrepartie, un dédommagement pour mon temps passé à réunir les documents demandés et à assister aux rendez-vous et un dédommagement pour perte de chance, puisque l'argent investi là n'a pu l'être dans une prospection sérieuse et efficace.
Bien évidemment, l'affaire ne s'arrête pas là. L'un des avocats de la société nous oppose une non-recevabilité de notre demande en l'état. Selon lui, nous n'avons pas utilisé le bon article du droit civil : nous aurions dû faire valoir une demande de résolution judiciaire du contrat. Mais quand bien même l'aurions-nous fait, les conditions n'auraient pas été, à leurs yeux, remplies pour y prétendre. Les conclusions de l'avocat sont consternantes et révélatrices d'une tromperie caractérisée. Elles affirment que son client n'a qu'un rôle subalterne, qu'il n'intervient que dans le cas de dossiers d'appels d'offre rejetés pour cause de non-conformité administrative. Manifestement, cela ne correspond nullement à ce que nous attendions de cette société eu égard à la prestation qu'elle nous a vendue. Au fil des conclusions, à court d'arguments, les

commentaires du défenseur deviennent méprisants : « entreprise de taille assez modeste », « dirigeant autodidacte et non ingénieur ». Il décline le manuel des bonnes pratiques du chef d'entreprise et décrit le rôle ingrat joué par sa cliente, œuvrant dans l'ombre, sans aucune reconnaissance de son travail, la pauvre. Nous en aurions la larme à l'œil s'il ne s'agissait pas d'enjeux financiers aussi importants. L'avocat justifie piteusement le montant de la commission par une mobilisation sans faille des salariés de son client, par leurs coûts de déplacement, de téléphone et d'appels de cabinets spécialisés en sous-traitance. Une défense très insipide, nous opposant des conclusions irrecevables. Mon conseil, fort du procès-verbal établi par notre huissier de justice, se montre optimiste pour une réparation à minima partielle de notre préjudice.

Une nouvelle audience au Tribunal de Commerce se profile pour mars 2007. Et pour cela, mon avocat, sous couvert de l'accord du mandataire liquidateur sur son budget d'honoraires, doit préparer ses conclusions récapitulatives.

L'audience est reportée en avril. Puis je n'ai plus aucune information ni d'un côté ni de l'autre. Sans doute que mon conseil n'a pas obtenu une suite favorable à sa demande de dédommagement et que, du coup, il ne s'est pas présenté à l'audience pour défendre les intérêts de la société.

Quelques mois plus tard, le mandataire liquidateur m'informe de la décision prise lors d'une audience de novembre 2007 : la mise hors du rôle de l'affaire (*). Je me renseigne auprès du greffe et recoupe cette décision avec la liquidation judiciaire de la société d'intermédiation prononcée en août, soit plus de trois mois auparavant.

Quel gâchis ! Que d'énergie déployée à fonds perdus ! Le moins que l'on puisse dire est que le mandataire liquidateur n'a pas fait preuve d'une volonté claire et manifeste, bloquant probablement sur les honoraires de mon conseil pourtant contenus, beaucoup plus regardant que pour les honoraires des experts mandatés. Notre espoir de récupérer un pécule financier qui aurait pour intérêt de diminuer d'autant le passif de la société s'est envolé. Au final, mon conseil s'en tient à déclarer une créance de 85 000 € correspondant au préjudice, auprès du représentant des créanciers qui agit pour le compte de la société liquidée. Cette somme est contestée par ce mandataire et ramenée au montant du contrat, soit 40 000 €. Peu importe car nos chances de recouvrer notre dû sont quasi nulles en tant que créancier chirographaire, soit de dernier rang surtout si le siphonage (*) de la société est avéré. J'ai compris ce que recouvre le terme lobbying.

Une audience du Conseil des Prud'hommes qui surprend

Attaqués par Martin qui considère son licenciement sans cause réelle et sérieuse, et puisqu'une conciliation est impossible, nous nous présentons ce mardi après-midi de novembre 2005 au Conseil des Prud'hommes. Ancré dans un ancien bastion de hautes luttes ouvrières, cette instance conserve auprès de l'opinion une image plutôt favorable aux salariés. De mon côté, je m'en remets à une justice paritaire composée d'autant de conseillers ouvriers que de conseillers employeurs et présidée à tour de rôle par un Président de l'un des collèges. Dans le cas présent, ce dernier est un employeur. Il ne m'est pas inconnu. Je l'ai rencontré un an plus tôt dans le cadre de notre demande de prêt d'honneur. Certains cumulent les mandats, devoir de citoyenneté, dirons-nous.
Il énumère les quatre dossiers qui vont être évoqués au cours de la séance. Le nôtre se place en troisième position. Il nous informe de la fermeture du Conseil à 17 heures, en raison du Plan Vigipirate en vigueur. Notre tour se présentant, nous nous apprêtons à écouter religieusement l'avocat de Martin demander la condamnation de notre société. Son plaidoyer est connu d'avance, il fait l'éloge de Martin, exemplaire en termes d'évolution de carrière, de fidélité et de dévouement dédiés à l'entreprise, donnant satisfaction à tous. Nous relevons quand même au passage des informations erronées, par exemple une reprise d'ancienneté de cinq ans totalement imaginaire, ne figurant nulle part, sur aucun document officiel. Elle

sert bien la cause de Martin, lui qui avait quitté la société pendant plus d'un an en début de carrière. En réparation du licenciement sans cause réelle et sérieuse, l'avocat de Martin demande la somme exorbitante de 130 000 € ! C'est l'équivalent de vingt mois de son salaire. Nous croyons rêver !

Mon avocate commence à peine à dérouler son argumentation pour débouter le demandeur de toutes ses demandes, quand soudain, le Président l'interrompt, au prétexte qu'il faut aller vite, que le temps presse, qu'il ne lui reste que quinze minutes. Dans de telles conditions, sa plaidoirie ne peut être autrement que bâclée. Au terme de l'audience, mon avocate se montre outrée et me dit qu'elle va en faire part au bâtonnier au travers d'une note relatant les circonstances très particulières de son intervention. Mais dans les semaines qui suivent, malgré mes relances, je ne vois rien venir. De report en report, le Conseil des Prud'hommes rend enfin son verdict en mai 2006, six mois après l'audience ! Nous sommes suspendus à cette décision qui risque d'impacter fortement la trésorerie de la société. Se fondant sur le caractère non réel et non sérieux du licenciement, nous sommes condamnés à payer à Martin la somme de 130 000 €, assorti d'une exécution provisoire de
50 000 €

Le jugement m'est signifié. Sa lecture me stupéfait car peu fidèle à l'audience. L'argumentation n'a rien de juridique se focalisant sur le comportement du dirigeant que je suis, me qualifiant de « mauvais gérant » et ne reprenant pas le peu d'arguments que nous avons pu faire valoir durant notre plaidoirie abrégée. J'avais sollicité la mise en place d'un échéancier de paiement, compte tenu de notre situation financière et du Plan de Continuation encore en cours. Réponse du Conseil des Prud'hommes : « c'est ne pas manquer d'air » !

Le jugement est émaillé d'inexactitudes : « *le dirigeant était salarié depuis deux ans au moment de la reprise* » alors que j'ai été salarié pendant près de cinq ans et ne l'était plus au moment de la reprise ; la lettre de « L'Institution » remerciant la société d'avoir œuvré à la remise en état de ses locaux suite au sinistre est attribuée à Martin alors qu'elle

était destinée à l'ensemble du personnel ayant participé. Le Conseil des Prud'hommes conclut à un salarié « *fidèle à l'esprit des fondateurs* », quelle référence ! Il n'est pas versé au débat la justification du préjudice de Martin au regard de sa situation du moment, donnant un sens au montant indemnitaire de 130 000 €. Je ne peux m'en tenir à ce jugement que je considère dénué de tout fondement juridique. Nous faisons appel de la décision et demandons la suspension de l'exécution provisoire des 50 000 €.
Après avoir vécu un tel jugement, je milite pour une professionnalisation des Conseils de Prud'hommes, sujet d'actualité avec les propositions du ministère de l'économie.

Une amitié chahutée sur un plan professionnel

Autant l'avant-projet société a été prometteur en termes de perspectives commerciales, autant la suite de la nouvelle société « courant faible » ne répond plus à mes attentes.
Chevalier a amené, entre autres, deux nouveaux prospects bancaires en totale cohérence avec une stratégie de développement qui veut privilégier la spécialisation. Je souhaite une poursuite soutenue et assidue de la démarche commerciale afin d'arriver à un niveau d'activité qui pourrait supporter, à terme, l'embauche d'un chiffreur car nous n'avons ni l'un, ni l'autre cette compétence. En attendant, mes chargés d'affaires jouent les intermédiaires, mais cela ne peut durer ainsi, accaparés qu'ils sont par des suivis de chantiers, par des réunions de chantier hebdomadaires, sans parler d'aléas propres au secteur.
Je me rends compte que Chevalier et moi ne partageons pas le même avis sur le fonctionnement de la société. Dans ces conditions, son organisation reste au statut quo. C'est à l'exact opposé de ce que l'on attend d'une PME. Le développement, qui s'essouffle, fait que la société se replie sur mon périmètre de clientèle, créant un trouble auprès des clients historiques. Elle intervient en sous-traitance alors même que certains de mes monteurs ont capacité à réaliser les prestations. On est vraiment très loin de mes projections qui

voulaient voir grandir la société afin qu'elle gagne progressivement son autonomie.
A ce stade, avec une relation devenant conflictuelle, les questions d'argent surgissent. Piégé dès le départ par des engagements de caution que je ne voulais pas, mais qui étaient la condition sine qua none pour l'attribution des prêts d'honneur, ne pouvant plus supporter une situation qui perturbe mon entreprise, je consomme la rupture.
Cela conduit à traiter par avocats interposés, à mon grand désarroi. Un accord est trouvé sous forme de protocole, concessions sur le versement de commissions sur affaires en échange d'une cession de mes parts sociales et celles de mon épouse.
L'adage qui recommande de ne pas mélanger les sentiments avec le travail trouve toute sa vérité. La société en courant faible assumera dorénavant son destin de manière autonome. Je sors meurtri et peiné de cette expérience avec un ami très proche et de longue date. Je dois en tirer des enseignements même si nous nous sommes, depuis, réconciliés.

Face à mes responsabilités de dirigeant, dans une situation économique très difficile

Des options financières qu'il a fallu prendre seul

Novembre 2005. Je donne priorité au paiement du dernier dividende du plan de continuation, évitant ainsi sa résolution au dernier moment, ce qui aurait signifié sept ans d'effort pour rien ! Nous mettons ainsi un terme à huit années de plan de continuation. Le passif de 750 000 € a été remboursé intégralement. C'est une vraie fierté que de n'avoir lésé aucun créancier. Ma morale est sauve. Cette approche est un signal fort pour les créanciers chirographaires que sont nos grossistes et qui continuent à nous faire confiance et à nous approvisionner au quotidien.

Début 2006, comme à chaque début d'exercice, l'activité est calme, les projets des réhabilitations d'agences sont en cours de finalisation d'étude, avec un nouveau concept propre à chaque banque. En attendant, il me faut occuper mon personnel, avec le risque de surcharger certains chantiers. Je ne recours pas au chômage partiel, afin de ne pas faire écho de la situation de l'entreprise et de garder un effectif mobilisé et motivé. Il nous faut tenir et patienter jusqu'au mois de mars avant d'être consultés sur de nouveaux appels d'offre. Tant et si bien que notre facturation des deux premiers mois est faible, limitant nos rentrées d'argent. A cela s'ajoute le résultat catastrophique de 2005 qui se fait cruellement sentir en trésorerie. La société n'est plus en capacité de couvrir ses échéances sociales et fiscales à bonne date. Je dois trouver des solutions rapides avec l'aide de mon avocat.

Mesure préventive : la saisie de la CODECHEF (*)

En février 2006, la société dépose un dossier auprès de la Commission des Chefs des Services Financiers (CODECHEF ou CCSF) pour obtenir l'étalement des dettes échues et le cas échéant, la remise partielle ou globale des pénalités de recouvrement de retard.

Bâti avec l'aide de mon conseil, le dossier comprend une note de présentation de la société et explique l'origine de nos difficultés : le coût du licenciement de Martin, concomitant au paiement du dernier dividende du plan de continuation. Nous sollicitons un étalement des 240 000 €, majorations comprises que nous devons aux organismes fiscaux et sociaux. Nous proposons un échéancier sur six mois, à raison d'un règlement de 7 000 € par mois et révisable au-delà des six mois, porté à un montant de 10 000 €. Nous proposons, en garantie de ces délais, un nantissement du fonds de commerce dont la société est dorénavant (et enfin !) détentrice.

La Commission certifie notre dossier recevable. La société est donc protégée de toute poursuite des créanciers concernés jusqu'à la tenue de la prochaine commission. Malgré cela, nous recevons étrangement, en mars, un appel téléphonique de l'Urssaf nous demandant de régler au comptant la part ouvrière du bordereau de cotisation de décembre 2005. Pas question de satisfaire cette demande dans la mesure où, preuves à l'appui, nous attestons avoir couvert largement le précompte salarial annuel (*) 2005. J'estime être dans mon droit. Mais immanquablement, cette réclamation de l'Urssaf, qui est partie prenante dans la CODECHEF va peser dans la décision de la commission. En tout état de cause, les démarches que nous envisageons d'entreprendre avec mon conseil tendant à la nomination d'un mandataire ad hoc, n'empêchent pas de poursuivre la procédure avec la CODECHEF. Toutes les pistes de soutien à l'entreprise sont à explorer. Derrière toutes nos actions, il faut aussi me prémunir et anticiper toute éventuelle mise en cause de ma responsabilité de dirigeant. Un chef d'entreprise ne peut avancer aveuglément.

Mai 2006, la CODECHEF rend sa décision : mon dossier est déclaré irrecevable au prétexte de l'absence de paiement des précomptes. En lisant attentivement la réponse de la Commission, je vois qu'elle mentionne partiellement d'autres créances d'organismes sociaux et fiscaux que ceux faisant l'objet de notre demande. Manifestement, il y a eu un problème d'incompréhension et/ou d'interprétation de notre demande.

Ni moi, ni mon conseil n'avons songé à l'utilisation de la procédure du rescrit (*) qui consiste à poser une question à un organisme fiscal ou social sur la bonne interprétation et application d'un texte, d'une loi, d'un décret. C'est regrettable, car cela aurait été l'occasion d'interroger l'Urssaf sur notre point de désaccord : la périodicité des régularisations des cotisations sociales. Elle adopte une approche mensuelle se polarisant sur le déficit de paiement du précompte salarial de décembre, ne voulant pas revenir sur les mois précédents depuis janvier 2005 au motif que les règlements effectués sont lettrés aux bordereaux de cotisations ! Je ne saisis pas le Tribunal des Affaires Sociales pour statuer sur ce point de divergence, j'aurais dû le faire.
Une possibilité de soutien tombe à l'eau mais il ne faut pas pour autant baisser les bras. Je sollicite auprès du Tribunal de Commerce la nomination d'un mandataire ad hoc par l'intermédiaire de mon avocat.

Nouvel obstacle : des départs qui portent atteinte à la société

Nous commençons à préparer notre recours en appel contre la décision rendue par le Conseil des Prud'hommes concernant Martin. Pour mieux cerner le préjudice qu'il a subi, mon avocat somme le conseil de Martin de lui communiquer les justificatifs de sa situation professionnelle actuelle ou les avis de paiement délivrés par les Assedic dans l'hypothèse où il n'aurait pas repris de poste. Nous voulons comprendre comment ils en sont arrivés à la somme de 130 000 €. C'est une question qui nous turlupine.
Mon avocat obtient une copie de son attestation d'embauche et je n'en crois pas mes yeux ! Martin a bien retrouvé un travail, mais pas chez n'importe qui ! Au sein de la société du frère de Dubois, lui aussi spécialisé dans l'électricité générale et pour comble de tout, implantée sur la même commune que nous ! Nous ne pouvons que suspecter l'intervention de Dubois pour rapatrier son protégé dans l'entreprise de son frère. Et cette démarche est plus que limite, dans la mesure où Dubois doit respecter les clauses de cession de la

société durant cinq ans. Elles stipulent : « *ne pas s'intéresser de près ou de loin à la société* ». De plus, il est mentionné que le salaire d'embauche de Martin est non seulement inférieur à ce que nous lui proposions au titre de sa nouvelle fonction, mais de plus, incompatible avec un maintien du statut cadre, qui impose un minima salarial… Très étrangement, je ne reverrai jamais ce document… qui aurait été fort utile pour consolider notre dossier.
Jusqu'à ma reprise, les deux frères Dubois avaient chacun leur propre clientèle et tout se passait pour le mieux. Ce mutuel respect a d'ailleurs perduré après mon arrivée à la direction de l'entreprise. Dorénavant, avec la présence d'un de mes anciens collaborateurs, parti dans les conditions que l'on sait, nous redoutons l'utilisation de l'homonymie des deux entreprises.
Dans une missive amicale, mon avocat soulève ce problème à titre préventif auprès du frère de Dubois. Il affirme notre souhait de poursuivre, sur un même périmètre d'activité, la saine concurrence qui a eu cours entre nous jusqu'à maintenant. Nous pensons qu'il va me contacter pour évoquer ensemble et sereinement le sujet. Il n'en est rien. Immédiatement, c'est l'avocat de la société qui répond, demandant des justificatifs de pièces.
Cette réaction épidermique montre une certaine agressivité. Ont-ils des choses à se reprocher, à cacher ?? Je dois faire face à quelques appels d'offre où l'homonymie est utilisée par Martin. Il se fait par exemple remettre des dossiers de « L'Institution », par les tireurs de plans.

Je dois faire feu de tout bois car ma société subit par ailleurs plusieurs débauchages de la part de Moreau, le chargé d'affaires démissionnaire qui a, au final, créé sa structure et le fait savoir. En un mois et demi, quatre collaborateurs performants sont partis le rejoindre, appâtés par des conditions financières mirifiques. Je ne peux pas leur faire de contre-propositions, les taux que Moreau propose étant hors marché pour des conditions normales de travail.

C'est assez cruel pour un dirigeant de se voir remettre un matin, à la première heure, la démission d'un compagnon qui compte 17 ans d'ancienneté et qui est resté fidèle à l'entreprise en dépit des graves difficultés économiques que cette dernière avait traversées. Mon conseil envisage une mesure d'instruction destinée à établir les caractéristiques du débauchage. Encore faut-il que je lui produise des preuves : cela pourrait être une liste d'appels téléphoniques de Moreau, démarchant les salariés concernés sur leurs portables professionnels durant les heures de travail. Mais ma recherche ne donne rien. Regrettable car cela nous serait bien utile dans le cadre de nos actions mises en œuvre pour sauvegarder l'entreprise. Car évoquer une concurrence déloyale n'est pas sujet facile. C'est une procédure extrêmement longue et de surcroît, lorsqu'elle aboutit, les dommages et intérêts alloués en réparation ne peuvent pas toujours être payés : quelque fois, la société en cause a disparu.
La jurisprudence reconnaît la concurrence déloyale dans le cas où les départs ont pour objectif de désorganiser l'entreprise mais elle est contredite par un arrêt de la Cour de Cassation qui juge que « *la simultanéité des départs des salariés ne suffit pas, en soi, à imprimer par elle-même un caractère déloyal aux embauches réalisées par le concurrent* ». Cette appréciation ne peut que refroidir notre élan, d'autant que notre interlocuteur peut se borner à nous opposer une meilleure offre salariale pour justifier les départs. Certains architectes de la société, habitués à côtoyer ces salariés lors des réunions hebdomadaires de chantiers, commencent à s'interroger. Ces doutes ne sont pas de bon augure pour les consultations d'appels d'offre à venir.
D'autant que je ne suis pas au bout de mes surprises. L'un des architectes me montre un devis concurrent qu'il a reçu, à entête de la structure de Moreau, en réponse à un appel d'offre auquel nous avons également répondu. Quelle n'est pas ma stupéfaction de constater que le devis est identique à la virgule près, au nôtre, élaboré sur notre logiciel informatique avec la même présentation. Il faut me rendre à l'évidence : Moreau a minutieusement préparé son coup avant son départ. Il a tout simplement recopié l'intégralité du

logiciel d'exploitation de la société. Après renseignement auprès du mainteneur informatique, nous apprenons que le logiciel vient de tomber dans le domaine public. Nous pourrions envisager une infraction pénale sur le fait que Moreau s'est introduit dans le logiciel en copiant les données qu'il contient. Mais la difficulté est de le prouver, prenant acte que sur le plan délictuel, la prescription est de 3 ans. Toutes ces suggestions ont le mérite d'être mises sur la table mais outre les preuves irréfutables à apporter, leur mise en application serait coûteuse pour une société déjà confrontée à de graves difficultés financières. Et avec, il faut en convenir, un résultat qui reste aléatoire à l'arrivée.
En attendant, forte d'une entité constituée à moindre frais dans les conditions que l'on sait, la société concurrente nous crée beaucoup de tort en pratiquant une politique de dumping des prix sur ses remises d'offres. Sa stratégie s'avère payante, remportant de nombreux appels d'offre bancaires sur le critère du mieux disant. Il booste son activité. De notre côté, nous perdons une dizaine d'appels d'offre à cause de lui.

Ma préoccupation première : donner un avenir à la société et à ses salariés

La situation de retournement de la société due à la perte constatée sur 2005 va inévitablement avoir, dès la communication du bilan, des répercussions sur la reconduction de nos concours bancaires. De mon côté, j'ai épuisé mes ressources financières. Une participation des salariés au capital de la société ? J'y ai bien songé mais c'est impossible avec les charges de famille de chacun. La participation d'investisseurs au capital ? J'ai été mis en contact avec deux interlocuteurs, un business angel par l'intermédiaire du fondé de pouvoir de l'une de mes banques et un industriel retraité. Ces rencontres seront sans lendemain. Je sais pourtant que la société a des atouts indéniables : la qualité de son portefeuille clients et la compétence de son personnel. De plus, l'entreprise est en ordre de marche ayant été assainie.

J'ai épuisé toutes les possibilités. Je n'ai plus d'autre choix que de céder le fonds de commerce. Celui-ci a de la valeur, puisque la société figure sur une liste restreinte d'entreprises systématiquement consultées par « L'Institution » lors des appels d'offre. D'autre part, nous sommes sollicités de manière régulière par cette dernière pour les mises en conformité et les dépannages de ses agences. Avec le prix de cession obtenu, je serai en capacité de résorber le passif constitué. La suite serait de procéder à la liquidation simplifiée de la société.

Dans les faits, la situation est plus compliquée qu'il n'y parait car la sortie du Plan de Continuation, bien qu'effective depuis novembre 2005, n'a toujours pas été actée par le Tribunal de Commerce. Devant réagir dans l'urgence, je contracte un ordre de mission exclusif avec un cabinet de rapprochement d'entreprises. Lui prône une cession de 100% des parts sociales de la société, avec ses honoraires à la charge de l'acheteur. Je n'ai pas trop le choix et dois me satisfaire d'être rapidement mis en contact avec deux repreneurs potentiels, l'un dans l'éclairage public, l'autre dans la climatisation, intervenant comme nous dans le secteur bancaire.

Un rendez-vous au Cabinet permet de faire connaissance avec ce dernier. Je mets en avant nos complémentarités d'activité, nos clients, le secteur bancaire et la possibilité de répondre à des appels d'offre allotis (*). Je dois leur produire des documents comptables, administratifs et juridiques.

Le Cabinet compile toute la documentation demandée dans un dossier de présentation « soft », plus attaché à la présentation qu'au fond. Les modalités de cession des parts sociales ont quelque peu évolué : le consultant recommande désormais que le repreneur entre à 51% du capital, devenant majoritaire. De son côté, la société intéressée lie l'éventualité d'une réponse positive au fait que je reste au sein de la société, avec un contrat de travail à l'appui.

Après une étude approfondie par leur expert-comptable, elle décide de ne finalement pas donner suite, invoquant un état d'endettement de la société trop important. Je suis déçu, cette décision démontrant

au passage les limites d'une cession des parts sociales avec reprise d'un passif. Malgré tout, cette mise en relation n'aura pas été vaine, comme on le verra par la suite.
Le mandat du Cabinet de rapprochement arrive à son terme et je décide de ne pas le renouveler. Je signe un nouvel ordre de mission avec un autre cabinet, de notoriété nationale celui-là. Cette fois, je convaincs mon interlocuteur d'une cession du fonds de commerce de la société au prix désiré de 870 000 €.
Un candidat m'est présenté. Ses caractéristiques répondent en tout point à ma recherche : ingénieur génie électrique de formation, il a développé durant son parcours professionnel une spécialisation dans la domotique. J'ai déjà exploré cette activité assez novatrice auprès d'un client privé haut de gamme, après une formation de salariés dispensée par le fabricant. Ce candidat recherche une direction collégiale avec le cédant, donc, en l'occurrence, avec moi ! Ce binôme serait très complémentaire, sa technicité alliée à mon expertise de la finance et à mon relationnel clients nous donneraient beaucoup d'atouts.
Sa capacité financière paraît attrayante. Je fonde beaucoup d'espoir sur cette candidature. D'autant que j'ai un bon feeling avec lui et qu'il me met directement en contacts avec son avocat, son expert-comptable que je rencontre, de quoi rassurer et mettre en confiance. Les pourparlers sont bien engagés. Je peux donc logiquement espérer aboutir à un accord de reprise.
Mais étonnamment, je reste sans nouvelles durant deux semaines. Je le relance donc et il m'annonce des difficultés pour réunir la somme annoncée. Je garde cependant confiance, persuadé qu'il s'agit de difficultés passagères et qu'à l'échéance, les fonds seront réunis. Quelle n'est pas ma surprise, une semaine avant le jour J, de recevoir un appel du candidat qui m'informe de son incapacité à rassembler une somme décente.
J'en conclus à un manque de sérieux du cabinet de rapprochement. Il n'a pas pris le soin de valider ou de sonder la capacité financière du postulant, élément pourtant essentiel dans toute transaction.

C'est un coup d'épée dans l'eau. Outre l'espoir déçu, j'ai consommé beaucoup de mon temps à livrer des explications à ses conseils dans une période où il faut être sur le pont.

Une communication sans détour du bilan 2005

Je diffuse comme il se doit, le bilan de l'entreprise à mes banques. Leur réaction ne se fait pas attendre. Au vu du résultat affiché, ils dénoncent un à un leurs concours bancaires moyennant un préavis. En attendant, la société n'est plus gérée en agence, avec des interlocuteurs bancaires à portée de main et qui connaissent ma réalité au quotidien, mais directement aux sièges des établissements bancaires, au sein des services « affaires spéciales » ou « services contentieux ». Le terme « affaires spéciales » à lui seul, est révélateur d'une société mise à l'index. Il me faut rentrer en contact avec des correspondants installés confortablement dans leur tour d'ivoire, très détachés des préoccupations quotidiennes des dirigeants de PME et à qui je dois dorénavant soumettre tout décaissement. Comment, dans ces conditions, satisfaire un besoin de livraison à temps quand tout dépend de leur autorisation et de leur bon vouloir ?
La Société Française d'Assurance-Crédit dégrade à son tour notre cotation financière. Cela nous empêche de bénéficier d'un encours découvert auprès de nos grossistes. La situation financière devient plus que préoccupante. La société n'a plus les moyens de couvrir son besoin en fonds de roulement : les grossistes imposent un paiement au comptant avant livraison alors que nos clients ne nous assurent en moyenne qu'un paiement à soixante jours.
Je prends rendez-vous avec le nouveau président du cabinet d'expertise comptable pour faire un point de situation. Le seul conseil qu'il peut me donner est « *de procéder rapidement à la liquidation de la société* ». Je ne lui cache pas que j'attendais une réflexion plus approfondie sur notre dossier, sachant qu'une trentaine d'emplois sont en jeu ! Ces conseils n'ont pas la fibre entrepreneuriale, ils surfent sur des législations françaises en perpétuelle évolution dans

tous les domaines, social, fiscal, qui sont leur garde-manger. Ils restent avant tout des généralistes.

L'entrée en application d'une nouvelle loi : la procédure de sauvegarde

Mon avocat me sensibilise à l'entrée en vigueur très récente, le 1er janvier 2006, de la loi de sauvegarde des entreprises.
Faisant le constat accablant que le pays détient un triste record en matière de défaillance des entreprises (95% des procédures aboutissent à une liquidation judiciaire), le Législateur a trouvé nécessaire de repenser le système des procédures collectives. Le défi demeure le même : sauver les emplois et préserver les intérêts des créanciers. L'idée-phare de cette nouvelle loi, d'inspiration américaine, consiste à appréhender les difficultés de l'entreprise aussitôt qu'elles deviennent prévisibles et ce, avant même qu'elles ne se traduisent en trésorerie. De nombreuses compagnies américaines doivent leur salut à cette loi de sauvegarde. Ah, ces anglo-saxons, toujours avant-gardistes quand il s'agit du business !
Quatre procédures collectives constituent la nouvelle loi française. Le mandat ad hoc est l'une d'entre elles et mon conseil m'incite à le mettre en œuvre. Il présente l'avantage d'être rapide et confidentiel, se distinguant ainsi des autres procédures collectives. Il permet de suspendre provisoirement les poursuites des créanciers.
Le mandataire ad hoc n'est autre qu'un administrateur judiciaire nommé par le Président du Tribunal de Commerce après sollicitation du chef d'entreprise. Nous nous demandons si, dans notre cas, il ne pourrait pas être celui qui nous avait en responsabilité durant notre plan de continuation. Mais après renseignement, cela s'avère techniquement impossible : il aurait fallu que le Tribunal de Commerce ait déjà homologué notre sortie du plan et ce n'est pas le cas.
Afin d'appuyer notre requête de mandat ad hoc, je dois réunir un certain nombre de documents, dont certains doivent démontrer que la société ne se trouve pas en état de cessation de paiements. C'est

en effet l'une des conditions indispensables à respecter pour pouvoir prétendre au mandat ad hoc. Les documents doivent attester de la pérennité de l'entreprise au-delà de ladite procédure. Avec les commandes que nous avons engrangées, aucun doute que le budget 2006 sera intégralement réalisé : un chiffre d'affaires de près de 3 millions d'euros et un retour à la profitabilité, avec un bénéfice de 60 000 €. Le budget 2007 présenté est de la même veine mais avec un bénéfice en progression : 110 000 €. L'entreprise se trouve donc sur le chemin de la reconstruction.

Une requête de mandat ad hoc

Je charge donc mon avocat d'établir la requête. Nous sollicitons le Président du Tribunal de Commerce en intervention préventive (*). Notre objectif est d'obtenir un consensus avec nos partenaires financiers et commerciaux pour que notre société assure la continuité de son exploitation. Et si elle n'y arrive pas, de rechercher un partenaire susceptible d'investir, suffisamment pour au moins reconstituer nos capitaux propres.
Je suis convoqué par le Président du Tribunal de Commerce pour rencontrer la responsable de la prévention des difficultés d'entreprises. Je leur explique de vive voix la perte financière de l'exercice 2005 due aux marges négatives d'un collaborateur sur les chantiers et aux décisions de restructuration qui en ont découlé. Je poursuis avec le début d'exercice 2006 très contraint en termes de trésorerie et une concurrence déloyale naissante pratiquée par les anciens collaborateurs. Je plaide la cause de la société pour la nomination d'un mandataire ad hoc. Et c'est accepté !
Une administratrice judiciaire est nommée en urgence, compte tenu de la précarité de la situation de ma société. Pas question de repousser le rendez-vous qu'elle me donne, même si c'est un jour intercalé dans un pont du mois de mai. Je lui explique la situation financière de la société. Elle me met en relation avec son expert économique et accepte la mission. Une convention définit celle-ci, précise ses honoraires fixes et ses honoraires sur résultat. De toute

manière, je n'ai pas le choix. Une ordonnance de fin mai homologue cette nomination pour un mois.
L'administratrice doit rédiger un rapport sur l'origine et les causes des difficultés de l'entreprise, la situation financière actuelle, les mesures à mettre en œuvre pour pérenniser l'activité. Elle doit aussi m'aider à trouver un accord avec les créanciers et à chercher un partenaire industriel ou financier qui pourrait prendre la relève.
Dans les faits, elle met en place des autorisations de mobilisation de créances professionnelles Loi Dailly qui se substituent aux concours bancaires dénoncés par les partenaires bancaires habituels de la société. Elle passe des accords, pour les procédures collectives, avec des banques spécialisées avec qui elle a l'habitude de travailler. Mais dans mon souci du devoir d'information, je commets une erreur : je lui demande de faire part de sa nomination à mes fournisseurs et à mes principaux partenaires bancaires. Elle les encourage à maintenir les concours à court terme accordés à l'entreprise. Mais au lieu de les rassurer, ce courrier a un effet dévastateur. Il ne fait que précipiter les résiliations des encours et les concours bancaires alloués à la société ! Sans doute ne connaissent-ils pas cette nouvelle procédure, appliquée seulement depuis six mois et le distinguo avec la procédure collective classique n'est-il pas suffisamment clair dans leur esprit. L'administratrice aurait dû faire barrage à mon souhait de transparence, d'autant qu'il était en contradiction avec le caractère confidentiel réservé au mandat ad hoc.
Au quotidien, elle m'aide à apaiser les tensions avec ma principale banque en raison du montant des utilisations. Cette dernière menace régulièrement de rejeter les chèques établis par l'entreprise. Cette interdiction bancaire, qui plane au-dessus de nous comme une épée de Damoclès, paralyserait l'activité jusqu'à me contraindre à déposer le bilan. La mandataire ad hoc se mouille et oppose au banquier des points positifs : un partenaire extérieur est très intéressé par l'activité de mon entreprise. L'administratrice relève que le compte client de la société à fin 2005 est sain, pas de « casseroles » et non mobilisé, donc disponible, pour plus de 500 000 €.

Les affaires spéciales des banques suivent mon dossier comme du lait sur le feu. L'une d'entre elles ne manque pas d'interpeller la mandataire ad hoc sur l'issue de sa mission. L'expert économique me donne raison d'avoir poursuivi l'activité de la société contre vents et marées sur la période 1995-2005. En effet, les 600 000 € de résultats générés sur la période, ajoutés au nouveau passif constitué, couvrent les pertes générées par les deux licenciements et le remboursement de la totalité du plan de continuation (750 000 €).
Voulant utiliser la période estivale pour favoriser une reprise in bonis (*) de l'entreprise, la mandataire ad hoc préconise l'ouverture d'une mission de conciliation (*) de quatre mois. Elle stipule que la société se trouve en cessation des paiements depuis moins de 45 jours.

Le mandat ad hoc s'efface pour laisser place à une mission de conciliation qui est accordée

La conciliation offre la possibilité d'obtenir de la part des créanciers des accords de délais ou des remises de dettes, accords qui doivent être constatés par le juge et qui ont donc force exécutoire. En contrepartie, les créanciers bénéficient d'un privilège de paiement, ce qui signifie qu'ils voient leurs créances remboursées en priorité et qu'ils ne sont pas soumis au principe du rang.
Dans son rapport, la mandataire ad hoc précise, que si la mission de conciliation échoue, la seule issue sera le Redressement Judiciaire, avec pour conséquence in fine : la cession de l'activité.
En attendant, la période estivale a pour avantage que les salariés ont obligation de prendre leurs congés d'été annuels. L'entreprise a déjà avancé les cotisations mensuelles à la Caisse de Congés payés du bâtiment, c'est à cette dernière de nous suppléer pour les congés d'été. La conciliatrice note que l'entreprise a bien remboursé fin 2005 le dernier dividende du Plan de Continuation mais s'est depuis recréé un passif équivalent, la société continuant à perdre de l'argent sur les cinq premiers mois de 2006. Plusieurs raisons à cela : cinq chantiers ont été reportés, malgré leur notification de commande de

travaux à date fixe ; un poste « honoraires » très important, dû aux nombreuses procédures engagées ; des frais financiers représentant 3% du chiffre d'affaires.

En juin et juillet, la masse salariale est en baisse, commencent à apparaître les prémices d'un retour à la profitabilité, la conciliatrice le constate elle-même. Autre point rassurant, le niveau d'activité est conforme aux prévisions budgétées annoncées pour cette année. Cela me réconforte sur le sérieux de notre travail de prospective. Nos efforts commencent à payer.

A contrario, elle confirme que la trésorerie de l'entreprise ne permet plus pour le moment de faire face au règlement des commandes fournisseurs. Les concours bancaires attribués sous forme de concours Dailly s'avèrent insuffisants. Ce qui peut se produire, à très court terme, est que la réalisation des chantiers soit bloquée. Ce qui serait très dommageable puisque l'entreprise enregistre une hausse de son activité. La conciliatrice en conclut que la société n'a plus aucun moyen de financer son besoin en fonds de roulement. Elle reconnaît que je n'ai pas attendu pour réagir, engageant des démarches afin de parvenir à une reprise in bonis par un tiers, condition sine qua none au soutien de l'activité.

Quatre repreneurs se manifestent mais aucun dans le scénario d'un rachat des parts sociales, cadre imposé par la conciliatrice. Ils sont tous intéressés par une reprise du fonds de commerce. Par son réseau, elle m'oriente vers deux nouveaux repreneurs potentiels. L'un deux annonce une activité « courant faible » alors qu'Infogreffe le qualifie d'une activité de conseil pour les affaires et la gestion… Surprenant ! Le repreneur se dévoile ensuite avec la mise en avant d'une autre société agissant en tant qu'holding spécialisée dans les activités de sécurité, avec pour ambition de s'orienter vers une offre multiservice. Les deux structures envisagent de créer un joint-venture pour la reprise de ma société. Leur projet m'apparaît cohérent sur le papier, recherchant des synergies avec leur activité de télésurveillance, pour laquelle ils sous-traitent pour le moment les travaux d'installation électrique. Ils émettent une lettre d'intention

portant sur le rachat des parts sociales pour 80 000 €, répondant ainsi aux exigences de la conciliatrice. Leur condition est d'obtenir, auprès de la Commission des Chefs des Services Financiers, un délai de 36 mois pour le remboursement des créances sociales et fiscales liées au nouveau passif. Mais encore faut-il, au préalable, que la société ait assuré mensuellement le paiement de ses précomptes salariaux, ce qui n'est malheureusement plus le cas depuis mars 2006. Une ultime solution de sortie tombe à l'eau.
L'autre repreneur potentiel évolue lui aussi dans la sécurité, aeroportuaire cette fois. Je donne à son avocat la documentation comptable à jour et l'informe des évolutions récentes de la procédure concernant Martin. Je lui résume les éléments qui m'ont conduit à me séparer de lui, évoquant notamment ses méthodes commerciales singulières. Mal m'en prend. En réponse, l'avocat me fait part de sa perception des événements : il considère que l'exploitation de l'entreprise a été profondément et durablement affectée par ce licenciement et qu'il est impossible pour le moment de prédire l'incidence de mes actions sur les comptes à venir…Selon lui, je suis donc coupable de cette situation. C'est grotesque et abject ! Tant d'investissement personnel pour en arriver à entendre de telles conclusions ! Il accorde peu de crédit aux prévisionnels d'activité et déplore l'absence d'une clause de non-concurrence pour les chargés d'affaires. Manifestement, il n'a pas intégré que la fonction de chargé d'affaire n'a pas pour unique mission de faire du commercial, loin s'en faut et que cela rend difficilement applicable une clause de concurrence. L'avocat se comporte en véritable procureur, déformant et extrapolant mes propos. Il reconnaît cependant que l'un des points forts de l'entreprise repose sur la qualité et l'expérience de ses salariés.
Aussi étonnant que cela puisse paraître au regard de son réquisitoire, il déclare son client intéressé par le potentiel de l'entreprise, envisageant un repositionnement de cette dernière sur de nouveaux marchés, s'appuyant sur une équipe performante. Il en conclut cependant que son client ne peut pas se permettre de reprendre les

parts sociales de la société avec tout le passif, qu'il soit échelonné ou pas, persuadé que la trésorerie injectée dans l'entreprise pour apurer le passé sera définitivement perdue au lieu de servir à redéployer l'activité. Un camouflet de plus pour la solution de la cession des parts sociales imposée par le Tribunal de Commerce qui a mandaté la conciliatrice pour son application. Il déclare par conséquent son client intéressé, mais par une reprise du fonds de commerce, sous l'autorité de la conciliatrice. En contrepartie, il s'engage à être le mieux disant sur le plan social. Il prétend que son client dispose de moyens financiers importants. Trois ans plus tard, j'apprendrai la liquidation de cette société... étonnant pour un avocat donneur de leçon.

Dans son rapport, la conciliatrice défend l'entreprise en déclarant que des démarches ont bien été engagées afin de parvenir à une cession in bonis, condition sine qua none pour permettre la poursuite de l'activité. Elle répertorie les repreneurs potentiels avec pour certains, des contacts avancés mais prend acte qu'aucun d'entre eux n'a souhaité formaliser de proposition engageante de rachat des parts sociales de la société. A contrario, elle rappelle qu'ils peuvent être intéressés par une offre de reprise du fonds de commerce et qu'ils reconnaissent ouvertement que le point fort de la société repose sur sa clientèle. Au vu des éléments communiqués et des analyses menées, la conciliatrice conclut qu'un plan de continuation n'est pas réaliste en l'état sauf à ce que je réinjecte de l'argent frais afin de faire redémarrer l'activité dans des conditions normales. A l'évidence, je ne suis plus en capacité financière de satisfaire à cette demande.

Elle se rapproche de la responsable de la prévention des difficultés d'entreprise pour lui présenter son rapport sur la situation de la société. Son conseil est clair et ne souffre d'aucune discussion possible : je dois me déclarer en cessation des paiements et solliciter, dans la foulée, l'ouverture d'une procédure de redressement judiciaire. La période d'observation doit être mise à profit pour présenter un plan de redressement par voie de cession.

C'est agir en faveur de la société tant qu'il en est encore temps. Le fait d'avoir fait appel aux procédures de sauvegarde démontre ma lucidité sur la situation, mon sens des responsabilités et l'anticipation de difficultés financières qui deviendraient insurmontables et irréversibles. J'ai cependant un sentiment partagé sur les conclusions de la conciliatrice. Constatant que la trésorerie de la société est exsangue mais que les signaux reviennent au vert avec un chiffre d'affaire conforme aux prévisions, notant surtout une amorce de retour de profitabilité, elle aurait dû chercher à organiser un tour de table avec les principaux créanciers de l'entreprise. Et en tout premier lieu, bien sûr, anticipant leurs résiliations de concours, avec les banquiers qui sont par ailleurs mes clients, c'est tout le paradoxe de la situation ! En second lieu avec mes principaux fournisseurs, déjà concernés par un premier passif qui leur a été totalement remboursé…
En attendant, l'entreprise a rentré des commandes de nouveaux clients qu'elle ne peut satisfaire, les investissements en matériel conditionnés à un paiement au comptant, sont trop importants. Pour exemple, une opération de 170 000 €, avec laquelle nous perdons bêtement la possibilité de sortir une marge substantielle et un nouveau client. Cela réduit aussi à néant les efforts commerciaux déployés par le tout nouveau chargé d'affaires, recruté sur recommandation familiale et donnant satisfaction. La conciliatrice a-t-elle été échaudée par les retours négatifs qui ont suivi la diffusion de sa lettre d'information relative à sa nomination ? Il est toujours plus aisé de se couvrir derrière un courrier, plutôt que de convoquer en comité restreint les principaux créanciers de l'entreprise, de mettre sur la table les problèmes financiers rencontrés et d'œuvrer pour une solution de sauvetage. A-t-elle la crainte d'aller trop loin, est-ce la peur d'être accusée de soutien abusif ou l'absence d'une jurisprudence sur cette nouvelle loi de sauvegarde ? Egalement, à bien y regarder, cinq mois de mission se sont écoulés sans qu'une solution soit trouvée pour la reprise des parts sociales. Au final, le Tribunal de Commerce consent la cession du fonds de commerce.

C'est nous qui l'avions suggérée dès le départ avec mon conseil, fidèles à nos convictions… On revient donc à la case départ de voilà six mois.
Durant tout ce temps, le passif de la société n'a malheureusement fait que croître. La conciliatrice clôture sa mission et me renvoie vers la responsable de la prévention des difficultés des entreprises pour l'ultime rendez-vous préalable au dépôt de bilan de l'entreprise.
Cette dernière me demande de déposer le bilan le lundi matin qui suit et m'informe du nom du juge qui siègera lors de l'audience de l'après-midi.
Fait du hasard, concours de circonstances, ce juge ne m'est pas inconnu….

Martin, à la manœuvre de saisies attributions lancées tous azimuts

La société se voit signifier un commandement de payer de l'intégralité du dédommagement des 130 000 € dus à Martin. C'est contradictoire avec le jugement rendu par le Conseil des Prud'hommes : nous avons effectivement été condamnés à payer les sommes réclamées dans leur intégralité, mais « seulement » 50 000 € tout de suite…. Mon avocat motive notre assignation en référé : il demande à la Cour d'appel la suspension de l'exécution provisoire. Le motif invoqué ? La fragilité de l'entreprise due aux conséquences manifestement excessives qui peuvent en découler. Fort de notre réussite auprès du Conseil des Prud'hommes qui a accepté notre échéancier de paiement pour l'indemnité de licenciement de Martin, mon avocat se montre confiant à l'approche de cette audience prévue mi-juillet, juste avant les vacances judiciaires. Le jour J arrive. L'avocat de Martin entame les débats en position de demandeur. Toute sa plaidoirie est axée sur ma personne, déclarant, entre autres « amabilités », que « je suis un menteur ». Il prétend que je ne respecte pas l'échéancier de paiement de l'indemnité de licenciement de son client qui vient d'échoir. L'avocat ne s'embarrasse pas d'ambages, il joue sa partition sans retenue. La présidente laisse faire, c'est proprement stupéfiant car dans ces propos, il n'y a rien de juridique. Juste une attaque personnelle et un règlement de compte avec ma personne. De son côté, mon avocat présente son argumentation pour notre défense, fait valoir les sérieuses difficultés financières de la société qui nous ont conduits à obtenir la nomination d'un mandat ad hoc. L'application immédiate de l'exécution provisoire des 50 000 € ne ferait que précipiter la chute de la société. Car une suspension d'exécution provisoire ne veut pas dire le non-paiement de la dite somme mais la mise en place d'un échéancier pour son remboursement. La Cour d'Appel nous déboute de notre demande au motif que nous n'avons pas fourni de justificatifs probants sur les difficultés financières de l'entreprise ! Selon elle, la seule évocation du mandat ad hoc ne suffit pas.

Avec recul et discernement, je ne peux pas lui donner tort pour cet argument. D'abord, le mandat ad hoc a pour vocation de rester une procédure confidentielle. D'autre part, il est sollicité pour résoudre une crise ponctuelle. C'est donc que la capacité financière de la société n'est pas encore irrémédiablement compromise. La Cour d'Appel estime donc que la procédure du mandat ad hoc ne lui est pas opposable.

A la date de l'audience, la société est déjà sortie de cette procédure et entame la procédure de conciliation. C'est elle que nous aurions pu faire valoir si nous avions été plus avancés dans son exécution et si des accords avaient été obtenus avec les principaux créanciers. Mais là, il est trop tôt. Finalement, donc, nous n'avons pas à avoir de regrets sur notre stratégie de défense : le chevauchement des dates ne nous est pas favorable.

La Cour d'Appel motive également sa décision par le fait que la société n'a pas prétendu que Martin ne serait pas en capacité de ne pas pouvoir restituer les sommes reçues en vertu de l'exécution provisoire pour la seule somme des 50 000 €. C'est l'argument massue. En effet, nous pouvons d'autant moins satisfaire à cette condition que Martin a retrouvé un emploi, renforçant sa capacité de solvabilité. Mais où est passée l'attestation d'embauche dont j'ai eu lecture ? Lors des échanges de pièces entre avocats les jours précédant l'audience sur le principe du contradictoire, la partie adverse a certainement pressenti que notre action en référé n'aboutirait pas. Et sûr de son fait, l'avocat a conseillé à Martin de faire procéder, quelques jours avant l'audience, à une saisie attribution des principaux comptes clients de l'entreprise afin d'obtenir son dû.

Certains clients bancaires ont donc vu débarquer à leur siège un huissier de justice, leur signifiant un procès-verbal de saisie attribution. Cela les empêchait de payer nos factures non encore réglées à ce moment-là. Ces saisies attributions se reproduisent jusqu'en octobre y compris auprès d'un nouveau client, ce qui est plus que suspect. Comment Martin peut-il le connaître, sauf à être renseigné en interne par un salarié de l'entreprise ? J'ai donc vraisemblablement une taupe au sein de ma société.

En attendant, dès juillet, ces actions asphyxient l'entreprise, n'étant plus alimentée par des entrées d'argent. De plus, elles véhiculent une image déplorable auprès de nos clients, laissant croire que la société ne paye pas ses créances salariales suite à des jugements rendus. La configuration aurait été tout autre si la Cour d'Appel avait réformé la décision rendue par le Conseil des Prud'hommes, révélant ainsi que c'est de sa propre initiative que Martin aurait fait procéder à ces saisies attribution avant audience. Sa responsabilité aurait du coup pu être recherchée, à condition d'apporter la preuve que ces actions ont contribué, pour une part prépondérante, à la déclaration de cessation des paiements de la société. Toujours est-il que ces actes ont été ressentis comme un séisme pour la société, très préjudiciables sur les plans économique, financier et commercial. Autant sur les plans économique et financier, les effets sont mesurables, autant sur un plan commercial, c'est plus subjectif. Les conséquences sont à venir : la confiance dans l'entreprise sera-t-elle maintenue ou pas? Nous aurons la réponse dans la consultation sur de nouveaux appels d'offre.

La société va donc subir les affres de ces saisies attributions pour un certain temps. De cet épisode, je tire comme enseignement que mon avocat s'est montré trop confiant, n'ayant pas jugé utile comme à son habitude d'explorer tous les scénarios, signe d'une lassitude du dossier, d'une issue figée, d'un dossier moins rémunérateur qu'il n'a été par le passé. De mon côté, la disparition d'une pièce à conviction me remplit de doutes et d'interrogations….

L'épilogue : pas d'autre solution qu'un nouveau dépôt de bilan

La déclaration de cessation des paiements auprès du greffe

Le télescopage des dates de convocation au Tribunal de Commerce me fait passer, en trois jours, d'un sentiment de fierté à un sentiment de dépit. Le vendredi, je reçois les applaudissements des magistrats pour avoir remboursé le plan de continuation dans son intégralité, soit la somme de 750 000 €. Le lundi suivant, sous un crachin, je dépose mon bilan.
J'ai quelque peu bousculé l'ordre établi des choses. Si je n'avais pas été renseigné il y a huit jours, sur le magistrat qui allait siéger ce lundi après-midi, je n'aurais pas retardé ma déclaration de cessation des paiements. Cela est potentiellement répréhensible, puisque le délai de 45 jours est alors dépassé. Encore une fois, il se trouve que le juge commissaire me connaît pour avoir « débauché » son seul et unique chargé d'affaire, M. Moreau, qui se plaignait de ne pas avoir de moyens. Quand on remet les destinées de sa société entre les mains du Tribunal de Commerce, on se trouve en position de grande faiblesse et de fébrilité. On ne veut pour rien au monde prendre le risque d'être confronté à un juge qui a vécu une mauvaise expérience à travers vous. Je me suis posé la question, certainement à tort, puisque c'était déjà avoir un préjugé sur son impartialité : « quelle sera son attitude à mon égard ? ». Il n'en demeure pas moins qu'au sein de cette institution, cela cause beaucoup et je m'entends dire par les salariés du greffe : « *On vous attendait pour l'audience de cet après-midi* ». Ces commentaires en disent long sur les tentatives d'emprise du monde judiciaire sur la dernière liberté qu'a le dirigeant de régulariser ou pas sa situation. Il agit, après tout, en toute connaissance de cause.
Ma déclaration comporte les éléments financiers permettant de distinguer le passif exigible (*) et l'actif disponible. Soucieux de ne pas contrarier l'avis de la conciliatrice, je sollicite l'ouverture d'une procédure de redressement judiciaire.

Déjà un potentiel repreneur à l'affût

Je suis entré en relation avec un nouveau repreneur potentiel par l'intermédiaire d'un grossiste. Ce chef d'entreprise détient un petit groupe dans l'électricité. Sa situation financière semble fragile. Avec mon avocat, nous rencontrons le dirigeant. Il a le profil type de l'entrepreneur du bâtiment qui s'est fait tout seul, à la personnalité bien trempée. Au final, il ressort peu de chose de cet entretien, aucune esquisse d'un véritable projet économique et social sauf à vouloir me conserver comme salarié. Je pense avant tout au bien commun. J'apprends que ce chef d'entreprise a tellement ses entrées au Tribunal de Commerce qu'il connaît le placement des juges-assesseurs lors des audiences planifiées. Il me téléphone, m'annonce son plan et me demande de le suivre à la lettre. Son stratagème consiste à accepter le redressement judiciaire, histoire de gagner du temps et de lui permettre d'orchestrer tranquillement la restructuration de l'entreprise.

Entre temps, je lui fais visiter quelques chantiers représentatifs de la société. Mais ses intentions me paraissent beaucoup trop vagues et sa personnalité trop caractérielle pour me rassurer. Je reste donc sur ma position de céder le fonds de commerce par voie judiciaire. Au soir de l'audience, il vient aux nouvelles. Vexé d'apprendre que je n'ai pas appliqué ses recommandations, il me déclare brutalement :

- « *Vos chantiers sont de la merde* ».

Toujours agréable à entendre !

Le sort de ma société entre les mains du Tribunal de Commerce

Avec l'aide de mon avocat, nous utilisons la semaine qui précède l'audience pour retravailler notre stratégie. Nous sommes décidés à suivre ce que préconise la conciliatrice : un nouveau redressement judiciaire. Pourtant, à bien y regarder, est-ce la bonne solution ? La société l'aborderait sans marge de manœuvre. Nous n'avons quasi plus de créances liquides en trésorerie puisque nous avons déjà cédé presque toutes nos factures au nouvel établissement bancaire nommé dans le cadre du financement Dailly.

En parallèle, nous devons faire face à l'approvisionnement de nos chantiers et au paiement de notre personnel. Autant dire, mission impossible. Face à ce cinglant constat, notre solution de départ, la cession du fonds de commerce doit être remise sur la table.
Le jour J, le fait de ne connaître aucun des membres du Tribunal qui siègent me rassure. Ce rendez-vous est capital et grave pour l'avenir de la société. Nous sommes accompagnés du représentant des salariés, nommé par ses pairs pour la circonstance. Comme nous nous y attendions, le Tribunal se prononce pour le redressement judiciaire. Nous demandons une suspension de séance. Dans le hall d'accueil du Tribunal, mon avocat veut s'assurer une dernière fois que je suis toujours d'accord avec la cession du fonds de commerce de ma société.
De retour dans l'auditoire, nous demandons l'ouverture d'une procédure de liquidation judiciaire avec poursuite d'activité afin de permettre la cession du fonds de commerce dans des conditions optimales. Nous exposons les raisons qui nous ont conduits à modifier notre demande de départ, prise surtout pour ne pas froisser les susceptibilités de la conciliatrice, mais cette réflexion, nous la gardons pour nous. Notre argumentation porte sur le changement de la donne économique accéléré par les événements extérieurs qui se sont produits.
Le représentant du Ministère Public se déclare favorable à notre requête. Après avoir recueilli l'avis de toutes les parties, le Tribunal de Commerce autorise le liquidateur judiciaire à maintenir l'activité pendant deux mois. Ce dernier pense pouvoir agir seul et vite, le Tribunal de Commerce le désavoue et nomme un nouvel administrateur judiciaire chargé d'administrer la société jusqu'à la cession de son fonds de commerce. Manifestement, ces deux mandataires ne s'apprécient guère, c'est le moins que l'on puisse dire. Cela ne facilite ni une bonne compréhension du rôle de chacun ni une transmission limpide des dossiers. Leurs études sont pourtant proches l'une de l'autre et ils se côtoient tous les jours d'audience du vendredi récupérant une partie des dossiers du département. Le

Tribunal désigne également un commissaire-priseur judiciaire, dont la mission est de réaliser l'inventaire des actifs de la société excepté le fonds de commerce, sujet sensible.

Un atelier en ordre de marche, sensé faciliter l'évaluation du commissaire-priseur.

Le commissaire-priseur doit procéder à l'inventaire des biens de la société. Il doit évaluer le stock, les matériels et les biens mobiliers. Malgré tous les tris opérés par mes soins, les mises au rebut, le stock de pièces électriques a encore une emprise trop importante dans l'atelier. Il est vrai que l'on revient de loin. Lors de ma prise de fonction, j'avais hérité d'un stock de trente années où absolument tout avait été conservé : pièces récupérées dans des usines de mécanique de précision après nos travaux de mises en conformité électrique, commandes erronées non retournées dans les délais aux fournisseurs, commandes de pièces sur mesure non réutilisables, fin de séries achetées en fin d'année, histoire de bénéficier de cadeaux de la part de grossistes n'en demandant pas tant pour vider leur plate-forme. Le conservatisme de mon prédécesseur n'était plus à démontrer. Il faisait partie de cette génération ayant subi la guerre et ses pénuries. Il se défendait en disant qu'il était utile de disposer de pièces « qui pouvaient toujours servir ». Il s'appuyait sur l'exemple de vieux disjoncteurs réutilisés en provisoire pour la remise en route de petites unités d'usines dont la production ne doit pas s'arrêter. C'était arrivé pour l'un des clients de la société, une entreprise d'enrobé. Mais il fallait relativiser, la probabilité de réutilisation s'avérait quasi nulle, le stock était donc dormant et encombrant, le temps s'écoulant jouant de plus en sa défaveur. Indéniablement, il fallait mettre en place une gestion moderne qui s'appuie sur les formidables progrès de la logistique. Les conditions de livraison de nos produits courants (en J+1) n'ont plus rien à voir avec celles en cours auparavant. Pour le gros matériel d'éclairage, nous utilisons désormais nos grossistes et leur plate-forme en stock tampon, seulement possible en dehors de leur période d'inventaire. Nous devons recourir aux services des partenaires pour être plus efficient. Un magasinier était en poste lors de ma prise de fonction, mais il n'avait aucune latitude, bridé qu'il était par Dubois qui s'éclatait avec son jouet, la gestion des achats. Au-delà d'une gestion dépassée, j'attribuais ce comportement à la recherche de contacts humains. J'ai responsabilisé le magasinier, lui donnant les moyens de travailler avec un logiciel de gestion. Il est aussi garant du matériel fourni au personnel. Je ne veux en aucun cas que « les travaux » se servent ou commandent en direct, cela serait le début de l'anarchie. La situation financière de la société impose de tout rationnaliser.

Je prends rendez-vous avec le commissaire-priseur en début de matinée. Ce dernierveut d'abord contrôler la flotte des véhicules utilitaires. J'ai demandé à mes salariés d'être tous présents au siège. Les véhicules ayant été pris en crédit-bail, le commissaire-priseur a donc la responsabilité de les appréhender et de les restituer à l'organisme de financement. Il procède à une vérification intégrale des véhicules, depuis l'intérieur jusqu'aux roues de secours.

Mon magasinier aurait dû être un interlocuteur privilégié pour le commissaire-priseur. D'autant que le stock est informatisé et mis à jour quotidiennement des entrées et des sorties. Il aurait donc suffi de pointer l'état et de vérifier la concordance avec le stock physique constaté. Il n'en est rien ! Bien évidemment, je ne demande pas à un commissaire-priseur des connaissances en matériel électrique, mais pour le moins, qu'il montre de l'attention à nos supports de travail et soit à l'écoute de ce que nous lui disons. Au lieu de cela, il commence à répertorier les rouleaux de scotch… En termes de valorisation, il y a matière ! L'inventaire démarre bien mal alors qu'à portée de main se trouve du gros matériel d'éclairage stocké, commande anticipée, justifiée par des contraintes de livraison. En effet, on ne peut se permettre de déroger aux dates de réouvertures des agences bancaires, les travaux ayant déjà suffisamment perturbé les habitudes quotidiennes des clients. Au terme de sa visite, le commissaire-priseur évalue le stock à 65 000 €, chiffre confirmé par

l'administrateur judiciaire dans son rapport. Sur ma déclaration de cessation des paiements, j'ai mentionné 103 000€. Dans une situation où chaque euro compte, une telle disparité de chiffres laisse perplexe.
Lors d'une audience fin octobre, la juge commissaire, informée d'une évaluation de stock à 4 000 €, me demande comment la société a pu fonctionner depuis le dépôt de bilan voilà trois semaines. De manière assurée, je lui réponds que nous avons prélevé sur notre stock et que je ne comprends pas ce chiffre. J'essaie de trouver une explication mais rien de sérieux ne ressort. Certes le stock va être déménagé pour libérer les locaux, mais son coût de déménagement ne peut, seul, justifier une telle différence !!! Et puis peu importe, notre évaluation du stock tendrait à nous donner raison. A l'évidence, la société n'a plus la capacité d'acheter, systématiquement confrontée à un paiement au comptant avant livraison, doublée d'une autre contrainte, et non des moindres : l'administrateur judiciaire doit obligatoirement signer tout règlement émis. Nous avons perdu la main. Le repreneur qui sera désigné par le Tribunal de Commerce détachera pendant près d'une semaine jusqu'à trois de ses salariés pour venir récupérer le matériel au dépôt de la société. Preuve que le stock présentait un réel intérêt économique, vu les coûts de personnel engagés et le temps passé ! Un autre repreneur potentiel qui, au final, ne sera pas retenu, s'était également déplacé sur site en son temps afin de se rendre compte du stock de la société. Il avait été jusqu'à tenter de me soudoyer avec une enveloppe conséquente d'argent liquide de 15 000 € afin de lui faciliter la cession du fonds de commerce et de s'emparer du stock. J'étais resté insensible à son offre. Un de mes chargés d'affaires licencié économique qui avait retrouvé un nouveau travail, m'avait également rappelé pour venir faire ses courses à l'atelier ! Tant d'intérêts manifestés pour un stock affecté d'une aussi faible valeur, il y a quelque chose qui cloche !!!!

Un expert nommé spécialiste de l'évaluation des fonds de commerce

Le mandataire liquidateur obtient du juge commissaire la nomination d'un expert chargé d'évaluer mon fonds de commerce. Lors d'un rendez-vous, celui-ci prend connaissance de mon activité d'électricité générale en courant fort et en courant faible, de la composition de ma clientèle, des conditions de passation des marchés et de mon carnet de commandes en cours. Je lui explique que notre principal client, « L'Institution », nous consulte systématiquement dans le cadre d'appels d'offre restreints. Sa première impression est positive mais il me déclare qu'en tout état de cause, le prix de cession arrêté par le Tribunal de Commerce est usuellement plafonné à 100 000 €. Mon espoir d'en obtenir plus est annihilé. Dès lors, puisque l'information est connue d'avance et fait jurisprudence, je peux m'interroger sur le bien-fondé de sa nomination. D'autant que son intervention n'est pas gratuite ! Ses honoraires grèvent le solde disponible sur le compte « spécial administrateur » de ma société. Au final, mon fonds de commerce est cédé pour 70 000 €.

Nous avons pourtant 500 000 € de commandes fermes ! Ce chiffre est obtenu en additionnant les ordres de service réceptionnés, y compris les trop fameux « chantiers reportés », et ce, malgré des notifications de commande de travaux à date fixe. On pourrait m'opposer que chiffre d'affaire ne veut pas systématiquement dire « rentabilité », ce que je peux entendre. Pour autant, les chiffrages ont été établis par deux collaborateurs en place compétents ; ils concernent des travaux que nous avons l'habitude de réaliser dans des agences bancaires. C'est le cœur de notre métier et avons donc un risque très limité de mauvaise surprise. Les dossiers d'étude sont complets, tout le travail préparatoire est annexé. Ainsi, leur transfert au futur repreneur est facilité et rapide. De même, tous les attachements liés aux dépannages, qui n'ont pas pu être facturés sur

la fin de mois, représentent une manne pour le repreneur, qui me sera confirmé par la suite par l'un de mes anciens collaborateurs.
Fort de ces éléments, je considère comme ridicules les 70 000 € de valorisation. Cette somme s'ajoute au montant des créances clients recouvrées. Dans ces conditions, il faut se rendre à l'évidence, l'actif est nettement insuffisant pour couvrir le passif arrêté à la date de la cessation des paiements.

Un économiste nommé pour assurer le transfert des chantiers en cours

Le liquidateur judiciaire obtient également auprès du juge-commissaire la nomination d'un économiste vérificateur. Cet expert a pour mission d'établir un arrêté des chantiers à la date de cession du fonds de commerce de la société, soit fin octobre 2006 et d'examiner les éventuelles contestations techniques soulevées par les clients qui entraveraient une récupération fluide de nos créances. Il doit aussi constituer un dossier complet pour la levée des retenues de garantie conservées par les clients en cas d'éventuelles malfaçons à reprendre. Il doit enfin surveiller le dénouement des opérations nourries avec les cessionnaires de créances dans le cadre des concours Dailly. D'emblée, j'ai un bon feeling avec cette personne qui s'avère être un familier du liquidateur judiciaire.
Ce climat de confiance permet une grande efficacité dans le recouvrement des créances. Mon attention se focalise surtout sur l'arrêté contradictoire des travaux, en présence de mes chargés d'affaires, pour les chantiers encore en cours de réalisation. La validation par l'expert technique a une double incidence. En premier lieu, elle permet de formaliser par avenant au marché les restants à exécuter au cessionnaire, après validation contradictoire des clients. Dans un deuxième temps, elle permet d'accréditer mes avancements de chantier et par conséquent, valide mon chiffre d'affaire budgété, côté comptable, sachant qu'il n'y a pas eu de nouvelle situation comptable depuis celle établie sur juin. L'expert a pour rôle de résoudre les créances bloquées par « L'Institution » suite à la saisie

attribution pratiquée par Martin. L'expert fournit à « L'Institution » les pièces justificatives attestant du paiement des sommes dues à Martin dans le cadre de l'exécution provisoire ordonnée par la Cour d'Appel. Bien que ce soit «chèque débité à l'appui », « L'Institution » refuse de libérer le solde de nos créances présentes sur notre compte. Elle motive sa décision par l'absence d'une main levée de ladite saisie attribution. L'huissier de justice agissant pour le compte de Martin n'a reçu aucun contrordre de son avocat et de ce fait, poursuit la procédure comme si de rien n'était. Nous pend au nez le risque d'un nouveau paiement de l'indemnité par tout client saisi et ce, au détriment de la masse des créanciers de la société. L'expert réussit à dénouer le problème et les choses rentrent dans l'ordre, occasionnant au passage de nouveaux coûts et une perte de temps inutile. On perçoit bien là, la volonté manifeste de Martin et de son conseil de continuer à nuire aux intérêts de la société, de mettre à genou l'entreprise et son personnel, malgré leur demande satisfaite. Esprit de vengeance ?

Rendre compte des offres de reprise reçues aux instances du personnel

L'administrateur judiciaire doit prendre en charge les actes de gestion de la société jusqu'à la cession de son fonds de commerce. Son rapport reprend toutes les informations économiques et sociales contenues dans les conclusions de la conciliatrice. Il recense les offres de reprise du fonds de commerce de la société : sur les sept repreneurs qui se sont manifestés au cours de la procédure de sauvegarde, seulement deux (la société de climatisation et le joint-venture avec son activité multiservices) sont allés au bout de leur démarche.

Le rapport de l'administrateur présente les deux repreneurs sous leurs aspects économiques, juridiques et financiers. Puis, il analyse leurs propositions de reprise selon les critères légaux : maintien de l'activité de l'entreprise, maintien de l'emploi et apurement du passif. Au vu de ces critères, il dresse son analyse.

La société de climatisation propose de conserver treize salariés, chiffre expliqué par la taille de sa structure, de reprendre des actifs à hauteur de 48 000 €. C'est en-dessous de la valeur minimale de l'expert, pourtant déjà très faiblement estimée. L'activité serait maintenue du fait d'une activité complémentaire mais eu égard à la jurisprudence pratiquée par le Tribunal de Commerce, un tel niveau d'offre des actifs n'est pas recevable. Encore heureux !
Je me suis fait une opinion défavorable du deuxième repreneur. J'ai en travers sa tentative de m'acheter. Mais il présente la proposition la mieux-disante. Lui aussi maintient l'activité, grâce aux liens entre nos activités, mais propose de conserver vingt-six salariés, moi compris, avec un contrat de collaboration. Méfiance, attendons de voir ce que nous réserve la suite. Quand l'administrateur judiciaire lui demande les deux derniers bilans, il se trouve dans l'incapacité de les communiquer. Une vérification rapide indique que les comptes n'ont pas été déposés…. Plus ennuyeux, une assemblée générale extraordinaire annonce la continuation de l'exploitation malgré la perte de plus de la moitié du Capital Social ! Pas de quoi rassurer, une fois de plus les contacts communiqués s'avèrent sulfureux. De toute manière, son offre de reprise d'actif pour 15 000 € est non recevable !
Fin octobre, l'administrateur judiciaire convoque les délégués du personnel pour leur exposer ces deux offres. Une fois encore, la nomination des délégués du personnel s'avère salutaire dans la défense des emplois. Je suis également présent.
Comme il est d'usage, l'administrateur attire notre attention sur le volet social. Il met en avant l'offre du groupe multiservices : outre sa reprise de vingt-six contrats de travail, il prendrait à sa charge les congés payés des salariés, soit 50 000 €. Mais les délégués du personnel se montrent surpris de sa faible valorisation du fonds de commerce.
Ils font aussi savoir qu'ils s'étonnent d'être renseignés sur seulement deux offres de reprise alors que sept entreprises se sont montrées

intéressées au départ. Cela nous ramène aux modalités de reprise contrariées dans un premier temps pour être acceptées au final.
Les délégués du personnel émettent un avis favorable sur la société de climatisation, car bien que n'étant pas la meilleure offre sociale, sa structure financière a de quoi rassurer et donne les gages d'une pérennité de l'activité et des emplois pour l'avenir, une sage décision.

Le Tribunal doit trancher dans le choix du repreneur

Lors de l'audience, l'administrateur judiciaire expose les deux propositions de reprise qu'il a réceptionnées au Tribunal, en mettant l'accent sur les critères légaux que sont l'offre sociétale, c'est-à-dire le maintien de l'emploi, et le financier, avec la valeur de reprise de l'actif.
Il détaille ce que les repreneurs potentiels proposent pour ces deux critères et il livre son appréciation au Tribunal. Les candidats sont appelés à tour de rôle, accompagnés de leur avocat. La société de climatisation se présente et, contrainte et forcée, améliore son offre en cours de séance sur la reprise des actifs. Elle se rapproche ainsi de la valeur arrêtée par l'expert. Mieux, elle reprendrait trois salariés supplémentaires et accepte de prendre en charge des congés payés. Leur présentation, sobre, est appréciée.
Le deuxième candidat, le Groupement, est représenté par deux dirigeants et le directeur financier, tous habillés en borsalino comme Delon dans ses films des années 70. Le Président demande au directeur financier de se rapprocher. Manifestement, ce dernier ne se sent pas à son aise au milieu de cette salle d'audience. Et pour cause, il est dans l'incapacité de produire une situation comptable intermédiaire. Une fois de plus, il met en lumière le fait que la conformité comptable n'est pas leur fort. Dans ces conditions, quelle crédibilité accorder à leur offre ? Il est légitime de se poser la question !

Après avoir entendu les parties, le Tribunal recueille les différents avis : le liquidateur, le représentant des salariés, le Ministère Public et enfin le mien en tant que mandataire social.
A cet instant, un incident cocasse se produit dans la salle. L'avocat du consortium revient dans la salle d'audience en s'excusant, tout penaud : il a quitté la salle en se trompant de cartable. Sa « proie » était de choix : le cartable de l'administrateur judiciaire en personne ! L'instant est solennel pour l'avenir de l'entreprise. Pourtant, toute la salle s'esclaffe.
Pour en revenir aux débats, les avis sont unanimes pour adjuger la reprise du fonds de commerce à la société de climatisation sur la base de son sérieux. Dans la foulée, l'administrateur judiciaire formalise les actes de cession, quand tout à coup, il se rend compte qu'il est toujours fait mention, sur le KBIS, que la société est locataire-gérant de son fonds de commerce ! Branle-bas de combat à l'étude de l'administrateur qui s'empresse de me téléphoner. Très serein, je lui communique l'acte de transfert de propriété du fonds de commerce, signé par Dubois et par ma personne, mais sans la signature de l'ancien administrateur en charge du plan de continuation. Je lui adresse également la parution faite dans un journal d'annonces légales rendant opposable l'acte aux tiers. Force est de constater, au passage, que les informations du greffe ne sont pas à jour.
A cet instant, chacun peut se rendre compte de la pertinence de la régularisation que nous avons opérée de notre propre chef avec mon avocat. Durant pratiquement dix ans, la situation, en porte à faux avec les jugements rendus, était restée en l'état sans que personne n'y trouve à y redire. Le fait de l'avoir inséré dans les clauses de cession de la société, n'a pas plus fait réagir les intéressés sur l'importance de régulariser sans délai l'acte de propriété.
Jusqu'au bout, nous avons été facilitateurs de la transmission jusqu'à un repreneur et qui plus est, pas n'importe lequel, le mien, la société de climatisation du départ. La boucle est bouclée.

A contrario, j'ai le sentiment d'un véritable gâchis en termes de temps, de coûts financiers, d'énergie consommée depuis six mois, tout cela pour en arriver à notre solution de départ, une cession du fonds de commerce. Et pendant ce temps, le passif s'est accru, en partie avec le cumul d'événements imprévisibles, report de démarrages de chantiers et blocage de nos comptes bancaires. On ne manquera pas, quelque temps plus tard, de m'en tenir grief et de tenter de m'en faire supporter une responsabilité pleine et entière !

Le rôle de chef d'entreprise : annoncer les mauvaises nouvelles tout en maintenant la cohésion d'équipe

Durant ma gérance, j'ai toujours eu le souci d'assurer une totale transparence à l'égard de mes salariés. Via les délégués du personnel, je leur relaie l'information sur le repreneur choisi et le nombre de postes qui seraient supprimés. Malgré tout, je dois faire en sorte qu'ils restent mobilisés. De concert, le repreneur délivre un discours fédérateur en venant se présenter à l'atelier. La prochaine étape sera l'officialisation des postes supprimés, par qualification et les licenciements économiques qui en découleront. Les salariés mettent leur avenir entre les mains des délégués du personnel, pour la défense de leurs intérêts. En attendant et cela me touche beaucoup, c'est de leur propre initiative que mes ouvriers organisent un buffet au sein de la société en signe d'au revoir. Je reconnais bien là leur cohésion d'équipe, leur savoir vivre et partager ensemble, pour la dernière fois pour ceux qui seront malheureusement licenciés.

Par contre, le chargés d'affaires à la plus forte ancienneté me fait part qu'il ne se joindra pas à nous au motif qu'il est en négociation pour un nouveau poste. Je trouve son argumentation méprisante pour les monteurs, lui que l'on a fait évoluer au sein de la société pour devenir l'un de mes collaborateurs les plus proches. J'attendais au minimum qu'il donne l'exemple. Je reçois son absence comme une trahison. Certes, il manifestait de temps à autre un comportement égoïste, mais de là à imaginer une telle posture.

Le choix des salariés licenciés entériné

Afin d'établir la liste des salariés en vue des licenciements, l'administrateur judiciaire propose un barème de notation basé sur, par ordre d'importance, des critères professionnels, la situation de famille, l'ancienneté et l'âge. Le repreneur a tout comme nous, une spécialisation bancaire. Les seuls critères professionnels retenus le sont donc dans ce domaine de compétence. Dès lors, il en ressort que tous les postes de bureaux vont être supprimés et que les qualifications les plus faibles, n'ayant pas d'autonomie dans leur poste de travail, sont en première ligne. Les postes des chargés d'affaires sont également impactés, le repreneur et son associé reprenant à leur compte ces prérogatives.
Les délégués du personnel jouent leur rôle et tentent d'argumenter : ils soulignent que les critères professionnels sont toujours subjectifs et que, selon eux, leur cotation pèse beaucoup trop au regard des autres critères. Ils mettent aussi en avant que la qualification des salariés ne doit pas être prise à la lettre, qu'elle cache souvent une plus grande polyvalence de l'intéressé, rarement mesurée dans les critères de choix. De toute manière, leur avis est de pure forme, consultatif et ce sont les exigences du repreneur qui priment. Celui-ci leur faisant comprendre qu'il faut se satisfaire au moins d'en avoir un.
Il me tient à cœur de compléter au plus vite et au mieux les conventions de reclassement et de départ en préretraite des salariés les plus âgés. Je les adresse à l'administrateur judiciaire pour validation.

Je me fais un point d'honneur à traiter le volet social au plus vite

Le liquidateur me demande d'accompagner la liquidation de la société, ce que j'accepte, bien entendu. Priorité est donnée au personnel sur le départ. Je dois calculer leurs indemnités de

licenciement économique et les justifier. Encore heureux que j'ai cette maîtrise de la paie. Je communique mon travail à la Fiduciaire pour validation des données, des bulletins de salaire émis en vue de l'établissement des chèques de règlement.
Pour les salariés repris, des complications se profilent. Comme la société a été liquidée début octobre, c'est le fonds de garantie des salaires qui supplée la société pour le paiement de ces derniers. J'édite les paies, mais avec l'entrée en jeu d'un organisme pour la validation des salaires, il ne fait aucun doute que les salariés vont être payés en retard… ce qui va raviver chez eux le souvenir cauchemardesque de ce qu'ils ont vécu voilà plus de dix ans. La possibilité de leur faire bénéficier d'acomptes au 25 du mois « en attendant » n'est plus d'actualité. Un certain nombre d'entre eux rencontrent déjà des problèmes financiers avec leurs banquiers.
Comme une mauvaise nouvelle n'arrive jamais seule, ils reçoivent de la mutuelle de la société un courrier leur annonçant leur radiation à effet immédiat. Cette fois, je dois faire face à un mouvement de contestation porté par les délégués du personnel. Le repreneur et l'inspection du travail sont mis au courant. Sans avancées de leur dossier, les salariés menacent de faire grève, ce qui serait une première pour l'entreprise. Avec le recul, je me félicite de ne pas avoir écouté les consignes de la conciliatrice qui avait recommandé de faire prendre en charge, dès septembre, les salaires de l'ensemble du personnel par le Fonds de Garantie, afin de préserver notre trésorerie. Cette décision aurait plus que compromis la poursuite de la production sur octobre et donné une image déplorable de l'entreprise à nos clients, bien différente en tout cas de celle d'un transfert sans vague de nos chantiers au repreneur. Elle voulait que la trésorerie soit orientée vers les achats de matières premières plutôt que vers le paiement des salaires. Mais le stock société me paraissait suffisamment fourni, j'avais donc décidé de m'en servir, d'éviter de nouveaux achats et de préserver ainsi la trésorerie pour les salaires. Il était question d'un choix de stratégie d'entreprise qui au final s'est avéré payant. Pour le quotidien, j'assure l'intendance

avançant personnellement, entre autres, les frais de carburant à mon personnel, les cartes d'essence du distributeur ayant été désactivées compte tenu du dépôt de bilan. Je fais au mieux pour que l'entreprise continue de produire et laisse une image propre de ses chantiers au repreneur, cela me tient à cœur.

Avant de refermer le rideau, conditionner les archives

Le mandataire liquidateur obtient du juge commissaire la désignation d'un archiviste chargé de récupérer les archives de la société. Elles présentent un intérêt majeur et doivent être à disposition. Je dois donc lui restituer l'intégralité de la comptabilité, du social, du juridique, des dossiers marchés de mon entreprise. Je trie et classe seul toute la documentation dans des boîtes à archives que je répertorie par thème. Cette tâche est d'autant plus difficile en ce mois de novembre que nous n'avons plus ni électricité ni chauffage car le liquidateur n'a pas poursuivi les contrats. C'est annonciateur d'une libération accélérée des locaux.

Dans le froid et à la torche, je compile dix ans d'archives, cette tâche me parait insurmontable, mais j'en ai vu d'autres. Le jour venu, c'est avec un pincement au cœur que je remets toute la vie de l'entreprise entre les mains de l'archiviste détaché pour les récupérer. Tant d'investissement personnel pour en arriver là !!

Par précaution, je photocopie tous les documents liés aux comptes, les dossiers de contrôle des comptes annuels avec les bilans, les comptes de résultat, les livres d'inventaire et le juridique. Je conserve les copies à mon domicile. On n'est jamais trop prudent.

Quelque mois après, j'apprends fortuitement qu'un des locaux de l'archiviste a brûlé. Ce sinistre rend perplexe. Après tout, ce n'est plus mon problème, dorénavant, je dois me focaliser sur mon avenir professionnel.

La restitution des locaux vides officialise le décès de la société

Le temps presse. Le propriétaire des locaux a mandaté une

agence immobilière pour les louer. La date de leur restitution est donc imminente. Le stock a bien été emmené par le repreneur, mais il reste le matériel obsolète, correspondant à des retours de chantiers et à des commandes erronées non restituées. Il encombre encore l'atelier et son périmètre immédiat.
Il me faut trouver une solution au plus vite ! Me reviennent à l'esprit les ferrailleurs, toujours les mêmes, des fidèles qui me contactent chaque année pour venir récupérer la ferraille issue des chantiers. Je les appelle donc. Le jour J, leur équipe est bien présente mais pas accompagnée de son chef habituel, qu'ils m'annoncent malade. Je décris à leur responsable le surplus à retirer. Au bout de deux heures de temps, je fais un tour dans l'atelier pour vérifier leur avancement. Et là, stupeur ! Ils ont démonté l'énorme porte coulissante de l'entrée de l'atelier... Depuis mon arrivée dans la société, je n'ai jamais vu cette porte déplacée. Mais, je ne suis pas au bout de mes surprises. En pénétrant dans l'atelier, je vois qu'ils ont tout arraché, saccageant jusqu'aux fils du tableau électrique, un véritable pillage. A me demander à quelle époque on vit ?
Comment vais-je m'y prendre en si peu de temps pour remettre en état l'atelier ? Je leur ordonne de repositionner la porte d'entrée de l'atelier, ce qu'ils font. Pour le reste, je pare au plus pressé. Je rends les clefs au propriétaire en présence de l'agence immobilière. Un état des lieux contradictoire est fait et par miracle, aucun reproche ne m'est fait.
Ma mission s'achève.
Je quitte les locaux, le cœur noué.

Retour sur le marché du travail affublé de l'étiquette « ancien patron d'entreprise »

Me voilà redevenu salarié. Je recherche un poste de directeur administratif et financier. Quand je passe des entretiens, l'attention des recruteurs et de leurs clients se polarise évidemment sur ma période entrepreneuriale. Ils manifestent une certaine appréhension à mon égard se projetant dans le futur : « n'aurais-je pas des velléités

de redevenir patron rapidement ? », « ai-je l'esprit libéré de tout afin de me consacrer entièrement à ma fonction ? » A l'écoute de mon récit, certains vont même jusqu'à s'étonner que je sois « encore debout », comme ils disent. Pour l'un des cabinets, de notoriété nationale qui me suivait jusqu'alors aussi régulièrement tel qu'un métronome, me sollicitant à chaque date d'anniversaire pour un point de situation, cette expérience entrepreneuriale fait désordre sur mon curriculum vitae. Elle ne répond pas à une évolution de carrière codifiée au regard d'une fonction de directeur administratif et financier. Je ne figure plus dans ses petits papiers pendant deux ans.
Ces questionnements n'entament heureusement pas la confiance d'un dirigeant d'entreprise du BTP qui, deux mois plus tard, décide de m'embaucher en tant que directeur administratif et financier.

La rechute de la société doit trouver des explications, un expert est missionné

Je m'attends à une étude diligentée par le liquidateur pour déterminer les raisons qui ont conduit à la liquidation judiciaire de ma société et à une cession de son fonds de commerce par voie judiciaire. Un commissaire aux comptes est désigné par le juge commissaire.
Il apparaît tout d'abord essentiel au liquidateur de vérifier ma comptabilité sociale ainsi que mes agissements commerciaux dans le cadre de mon mandat de gérant. Je ne peux qu'adhérer à cette décision sur le principe d'une totale transparence, persuadé que les échanges avec l'expert ne seront que facilités, puisque je suis aussi de formation comptable. J'aborde donc cette vérification avec sérénité. La mission de l'expert consiste à émettre un rapport sur les origines de la rechute de ma société. Il doit examiner la comptabilité et peut interroger tout intervenant de son choix, expert-comptable, banquier, fournisseur, afin de déterminer si la comptabilité a été tenue conformément aux règles légales et reflète bien la situation réelle de l'entreprise. Le point central de son rapport porte sur sa

validation ou pas de la date provisoire de cessation des paiements fixée par le Tribunal de Commerce. C'est un sujet oh combien sensible pour une recherche éventuelle de responsabilité. En effet, l'expert peut remettre en cause la date du Tribunal, période où la loi de sauvegarde me protégeait. Une date de cessation des paiements antérieure à mai, m'exposerait à répondre de mes actes de gestion.
Il doit par ailleurs déterminer si l'activité de ma société a pu être poursuivie dans mon intérêt personnel ou pour celui d'autres entreprises dans lesquelles je serai intéressé, s'il a été fait un usage anormal des biens de ma société, si ma société a eu des relations commerciales exorbitantes avec toute autre société.
A mon grand désarroi, son rapport s'inscrit uniquement dans une vision et analyse comptables des éléments communiqués. Les sujets relatifs à la législation sociale, à la veille réglementaire, au juridique et aux conditions de travail des salariés sont occultés.
Depuis quatre ans, je m'efforce de mettre la société en conformité dans tous les domaines. Tant de sujets avaient été laissés pour compte par mon prédécesseur, sans qu'aucun conseil ne s'en soucie. Citons l'exemple de l'allocation d'indemnités grands déplacements non justifiées versée à Martin., mais aussi de contrats de travail non conformes, de procès-verbaux de carence « bidon » pour la désignation de délégués du personnel, de statuts non mis à jour, d'habilitations caduques avec pour bouquet final, l'entreprise non propriétaire de son fonds de commerce.
Quand j'étais salarié, je n'avais pas manqué d'alerter les conseils sur les dysfonctionnements constatés les plus significatifs. L'expertise de la société ne peut donc, selon moi, se résumer à un audit comptable. Il faut un corollaire d'audits social et juridique, sujets tout aussi prégnants car ils ont engendré des coûts et impacté par conséquent la rentabilité de la société.
C'est d'autant plus paradoxal, que dans le cadre de sa mission, on autorise l'expert à se faire assister par tout intervenant de son choix. Je considère donc le périmètre de son intervention délibérément restrictif. J'entrevois une expertise qui sera partielle et subjective.

L'expert me convoque à son cabinet pour faire connaissance et répondre à ses demandes

Je suis convoqué au cabinet de l'expert en juillet 2007. Cette première réunion de travail a pour finalité d'ouvrir et d'organiser les opérations d'expertise et d'établir un examen contradictoire des documents communiqués.

Je fais une présentation sobre, relatant l'historique, les conditions du rachat et procède à une énumération brève mais exhaustive des faits. L'expert retranscrit mes dires sur son informatique avec la précaution d'usage, utilisant le conditionnel et ses propres termes. Je reçois le compte-rendu de réunion début août. Afin de compléter sa documentation récupérée auprès de l'archiviste, il me demande, à ma grande surprise, l'intégralité de la documentation juridique, le rapport du mandataire conciliateur, les lettres de dénonciation des concours bancaires et des autorisations de découverts, l'état de mes cautions bancaires personnelles, l'état de mes engagements financiers pris en charge et les courriers d'échange avec les organes de la procédure. Bien m'en avait pris d'avoir fait des photocopies de tous ces documents.

En tant qu'ancien responsable financier de l'entreprise, il me demande pourquoi je n'ai pas fait de véritable audit avant d'acquérir les parts sociales. Il m'interroge également sur l'absence de garantie de passif et d'actif, protection d'usage propre à toute reprise classique de société afin de protéger le repreneur de toute mauvaise surprise. Je ne suis pas pris au dépourvu, je m'étais préparé à ces questions. Mon analyse de la situation comptable du 30 septembre 2001 l'interpelle : elle fait apparaître un bénéfice beaucoup trop aguichant, selon moi, pour être réel.

Une analyse de la production qui fait déjà polémique

Le secteur du bâtiment présente des spécificités comptables, en particulier sur la façon dont est appréhendée la production.

Celle-ci relève de la facturation des avancements de travaux sur la base des commandes, auxquels on ajoute les « travaux en cours », des travaux réalisés mais qui n'ont pu être facturés étant en attente d'une régularisation administrative du client. Souvent, ils correspondent à des travaux supplémentaires demandés par les clients, partant du principe que l'on ne démarre pas un chantier sans une commande de base.
Malheureusement, force est de constater que certaines PME ou TPE utilisent le poste « travaux en cours » comme variable d'ajustement : elles masquent ainsi leurs difficultés du moment et affichent des résultats positifs lors des publications des comptes, histoire de ne pas alerter les tiers, principalement les banquiers. Cela ne peut durer qu'un temps, il suffit d'un fléchissement d'activité, pour que la réalité soit démasquée, créant l'effet de surprise, les travaux en cours d'aujourd'hui devant se traduire en facturation dans les semaines qui suivent et en trésorerie à terme. Le principe de la fidélité des comptes est bafoué. C'est l'une des tâches qui incombe aux experts comptables et plus encore aux commissaires aux comptes engagés, agissant pour le compte de sociétés plus importantes, de vérifier projet par projet, la matérialité des travaux en cours. Dans le cas de mon entreprise, il était manifeste que Dubois avait majoré le poste travaux en cours, estimant à 80% l'avancement de certains chantiers qui dans les faits, étaient loin d'être arrivés à ce stade. J'ai pu m'en rendre compte le peu de temps que j'ai passé sur site, lors de mes contrôles précédant la reprise, en tombant par hasard sur des courriers de mécontentement d'un client : ce dernier révélait deux mois de retard dans la livraison de son chantier et pire, faisait part de nombreuses malfaçons qu'il faudrait reprendre. Non seulement l'avancement de ce chantier était indubitablement surestimé mais de plus, la règle de prudence comptable qui veut que pour tout désordre potentiel, une provision soit constituée, n'avait pas été respectée.
Le suivi analytique par chantier, rapprochement mensuel entre les produits et les coûts, ayant été abandonné après mon départ en juin

2000 et la société ayant décidé de ne pas embaucher de comptable, il était dès lors aisé pour Dubois de surestimer certains avancements de chantiers dans une globalisation purement comptable. Le suivi avait été externalisé au cabinet d'expertise, mais les interventions du collaborateur étaient épisodiques et dans l'urgence. Autant dire qu'un flou artistique total régnait sur la comptabilité. Or une société de cette taille impose au minimum un inventaire précis de stock et une justification des travaux en cours. Cette situation contentait tout le monde : temps de présence limité pour un suivi de dossier suscitant peu d'intérêt financier et stratégique et du côté de Dubois, un contrôle réduit laissant cours à une comptabilité très personnelle. L'expert n'abonde pas dans mon sens. Il minimise l'impact du poste « travaux en cours » sur le résultat bénéficiaire. Son argument : sur le critère du taux de marge brute, cela ne choque pas aux yeux en comparaison des autres exercices. Mais attention c'est un constat purement empirique ! Il ne prend nullement en compte le factuel, les doléances des clients. Pour clore le sujet, il ajoute que dans la mesure où je n'ai pas pu réaliser un audit complet, je ne suis donc pas en capacité de mettre en évidence la majoration du résultat d'exploitation. Ce sont ses paroles contre les miennes, à ceci près que c'est lui qui a le dernier mot. Au passage, il fait abstraction d'un vécu de cinq années passées au sein de la société, ayant eu grandement le temps de m'imprégner des méthodes de travail de la maison. Il fallait bien donner l'espoir du retour d'une exploitation bénéficiaire, seul argument vendeur. Il faut bien admettre qu'en France, il est de pratique courante que le cédant, l'année précédant l'officialisation de la cession de sa société, a la fâcheuse tendance de présenter la mariée plus belle qu'elle ne l'est en réalité. Ce mal bien français a pour objectif de justifier des prix de cession exorbitants. Le résultat est que nombre de PME ne trouvent pas repreneurs en raison de prix déconnectés d'une réalité économique.

L'avantage en nature accordé à Martin mis en doute

L'expert se montre dubitatif quant aux indemnités de grands

déplacements octroyées à Martin par Dubois ! Elles sont la contrepartie des interventions de maintenance de nuit de Martin dans une usine implantée sur la même commune que le siège de la société… et que son domicile ! La législation sociale définit clairement les conditions restrictives d'attribution de cette indemnité. Le salarié doit attester être suffisamment loin de son domicile pour ne pas être en mesure de le regagner chaque soir. Martin ne satisfaisait pas à cette condition. L'indemnité de grands déplacements n'était donc pas due. Mais force est de constater que cette indemnité est un usage et est par conséquent considérée comme un acquis pour le salarié. Il me fallait procéder autrement : la seule possibilité qui m'était offerte pour sanctuariser la somme moyenne perçue mensuellement par Martin était d'augmenter artificiellement son salaire, afin que le net à payer l'intègre. Ce qui le faisait quand même croître de 18% ! Les conséquences pour la suite ne seront pas neutres sur le calcul de ses indemnités de départ ! Son préavis, non exécuté à ma demande, et son indemnité de licenciement seront en effet calculés sur la base de son dernier salaire connu et de vingt-cinq années d'ancienneté. Les 18% engendrent un surcoût patronal pour l'entreprise de 6 000 euros, ne serait-ce que sur l'exercice 2005, les indemnités de grands déplacements étant au départ exonérées de cotisations sociales.
Le plus important est que l'entreprise s'était prémunie, dès 2003, d'une éventuelle réintégration à effet rétroactif par l'Urssaf lors d'un contrôle sur pièce.
L'expert, pour dissiper son doute, aurait pu prendre connaissance de mes justificatifs. Il ne le juge pas utile. Je tiens pourtant toutes les preuves à sa disposition : les fiches de paie du salarié actent de la modification. Je suis également prêt à lui montrer les copies de mes correspondances, alors que j'étais salarié, qui mettaient en garde Dubois et ses conseils du risque de cette pratique. Martin pourrait également témoigner car mécontent, il me fait part l'année suivante, lors de sa déclaration fiscale d'une hausse de son impôt sur le revenu, ses indemnités de grands déplacements étant jusqu'alors

nettes d'impôt. De quel droit ce salarié aurait pu continuer à bénéficier d'un passe-droit ? D'autant qu'il n'est pas à plaindre, sa future retraite complémentaire s'en trouvera améliorée d'autant. Je n'ai fait qu'exercer ma fonction de gérant régalien, soucieux de faire appliquer les règles de droit. Le hors la loi m'insupporte plus que tout.

Aussi étonnant que cela puisse paraître, l'expert ne retient pas dans son rapport, l'incidence de cette mesure dans l'insuffisance de rentabilité de l'entreprise. L'effet n'est pourtant pas anodin : ne serait-ce qu'avec le surcoût de 6 000 € annuel ajouté des 20 000 € intégrés dans le calcul de son indemnité de licenciement. Je m'interroge sur les raisons qui conduisent l'expert à ne pas retenir ces éléments. Faut-il y voir une solidarité corporative qui dicte de s'aligner sur un fonctionnement en l'état pendant de nombreuses années ? Toujours est-il que seule la parole de l'expert fait foi.

Mes craintes d'un rapport à charge se confirment. C'est un parti pris. Je ne suis malheureusement pas au bout de mes surprises. Une copie de la note est diffusée au liquidateur.

Un pré-rapport de l'Expert qui tarde à arriver

Juillet 2008, je réceptionne enfin le pré-rapport de l'expert.

Un délai de communication que je considère abusif, surtout quand je découvre que l'expert n'est pas en possession des éditions et des pièces comptables liées à l'exercice 2006. Voilà maintenant un an que je me tiens à sa disposition pour parfaire son information avec celle obtenue auprès de mon avocat et des archives. Apprendre que la documentation 2006 n'existe pas, est tout simplement stupéfiant et consternant puisque je les avais moi-même remis en mains propres à l'archiviste. Fort heureusement, j'en avais fait des copies, conservées à mon domicile. Ces éléments, que, du coup, je lui communique, sont d'autant plus cruciaux que 2006 est l'exercice aux événements majeurs et générateurs : ouverture de la période de sauvegarde, mandat ad hoc et conciliation, liquidation judiciaire de la société et cession par voie judiciaire de son fonds de commerce.

Le pré-rapport ne vaut pas encore force de loi, car l'expert nous invite, le liquidateur et moi-même, à faire valoir nos observations, à demander rectification ou à apporter un complément d'information. Seulement voilà, il faut se rendre à l'évidence, le temps s'écoule et la poursuite des actions judiciaires en cours (entre autres l'appel contre la reconnaissance du caractère réel et sérieux du licenciement de Martin) est suspendue à la communication du rapport final de l'expert. Le temps judiciaire n'est pas éternel, une notion de prescription nous guette. Ma situation personnelle dépend aussi des conclusions de l'expert. Comme tant d'autres chefs d'entreprise avant moi, je subis de plein fouet des délais de rapports beaucoup trop longs qui retardent d'autant les décisions du mandataire à nous assigner ou pas.

Une revue de la comptabilité 2006 survolée

Faisant valoir que les documents ne lui sont parvenus que tardivement, l'expert m'annonce qu'il se limitera à une analyse succincte de cette comptabilité 2006. Je considère cette décision arbitraire. Dans un sens, elle me fait porter la responsabilité de la perte des documents. Nous avons bien patienté un an pour son pré-rapport, qu'est-ce qui empêche l'expert de solliciter auprès du liquidateur un délai complémentaire, le justifiant par l'importance capitale de l'exercice 2006 ? Il ne part pas de rien ! Comme pour chaque exercice, à l'issue du bilan, j'ai réalisé un reporting mettant en exergue les événements majeurs de l'exercice écoulé. L'expert reconnaît d'ailleurs ce travail dans son rapport, déclarant que cette note démontre un réel intérêt du dirigeant pour la gestion de l'entreprise. Enfin ! Enfin, un premier satisfecit m'est décerné.
Je reste sur ma faim, je ne comprends pas bien que son travail ne soit pas abouti, me plaçant dans la situation inconfortable d'un doute subsistant sur la validité de ma comptabilité l'année même de l'ouverture de la procédure collective et de la cession par voie judiciaire du fonds de commerce. Je dois m'en tenir à la validation comptable des seuls exercices 2002 à 2005.

Une rentabilité 2002- 2004 faible pour bien des raisons.

Dans son rapport, l'expert mentionne ma réponse à son pré-rapport : j'y précise certains éléments et complète ses informations, de façon à amender certains de ses commentaires ne retranscrivant pas la réalité. J'y joins de nombreuses pièces justificatives. Mais son rapport ne prend en compte des éléments nouveaux que selon son bon vouloir.

Il a scindé son analyse comptable en deux périodes, avant et après la cession des parts sociales. Dans son pré-rapport, il avait rattaché l'exercice 2002 à la responsabilité de Dubois. Dans ma lettre de réponse, j'en réclamais au contraire la paternité, la cession ayant été actée mi-février 2002. Il me l'accorde. L'expert reconnaît une forte progression du volume d'activité faite sous ma gouvernance. Mais il note aussi que la société n'a pu améliorer sa rentabilité.

Je suis pleinement conscient qu'elle a été très faible sur les exercices 2002 à 2004. Mais je vois une différence entre nos analyses, et elle est d'ordre majeur : l'expert aurait dû, selon moi, retraiter toutes les dépenses engagées sur cette période, afin de rétablir, très vite après la reprise, une situation conforme et ainsi distinguer celles liées aux événements imprévisibles auxquels la société a dû faire face. Ce travail aurait permis de mettre en lumière les résultats d'exploitation courants. Il aurait montré la viabilité économique de ma société purgée de ces dépenses que je considère comme exceptionnelles car non récurrentes. J'avais étayé toute mon argumentation. Dans la riche documentation que j'ai communiquée à l'expert, j'ai pris le soin d'énumérer toutes ces dépenses et de ressortir leur montant. Elles se composent en premier lieu des frais de mon avocat d'affaire. Le paiement du 4ème dividende avec une année de retard par mon prédécesseur nous a contraints à prendre à notre charge la demande de rééchelonnement du plan de continuation. L'homologation de l'accord se révélant plus difficile que prévu, elle avait nécessité plusieurs audiences sur la période septembre 2002-mai 2003 et obligé mon avocat à échanger par correspondance avec les parties, à rédiger de nouvelles conclusions pour chaque convocation. Ce travail ne pouvait en aucun cas être anticipé puisque, dans l'acte de cession, il était clairement dit que c'était à Dubois d'initier cette demande de rééchelonnement du plan de continuation. De même pour la régularisation de l'acte de propriété du fonds de commerce. Autant d'honoraires qui jamais n'auraient dû incomber à l'entreprise post reprise. Ma priorité avait été de procéder au plus vite aux régularisations encore possibles, grâce à la trésorerie, à des prélèvements sur mon compte courant et au décalage de déclarations d'encaissements pour le calcul de la TVA. Je ne pouvais pas agir autrement. Dans un deuxième temps, ma seule possibilité de faire comprendre à Dubois son inaction récurrente, était de suspendre momentanément le remboursement des échéances mensuelles de son compte courant, avec le risque patent, qu'il stoppe toute coopération. Nous avons malgré tout obtenu un accord de sa part, très symbolique, pour abroger les conventions de location qui nous liaient avec ses SCI, inapplicables depuis 1996 mais toujours en cours juridiquement. Face à sa méfiance, nous avons mis en avant une approche patrimoniale. Cela nous évite dorénavant des relances de déclarations foncières. Nous avançons, mais au prix d'honoraires assumés.

A ceux-ci, s'ajoutent les formations que je veux obligatoirement dispenser à mon personnel et la mise en place d'élections de délégués du personnel également obligatoires au regard de l'effectif de la société. Loin d'imaginer que ma demande de prise en charge, pourtant partielle, de la formation aux habilitations électriques par un organisme de formation habilité, serait rejetée au motif que cette formation était considérée comme initiale et obligatoire. La société prend donc en charge le coût de deux journées de stage pour un effectif de vingt-six salariés. Cette formation est incontournable, elle me protège en tant que gérant face au risque d'accident.

Après vérification, les procès-verbaux de carence établis jusque-là pour une présentation de candidats aux élections des délégués du personnel étaient de complaisance. J'organise ces élections avec

l'aide de l'avocate du cabinet. Les syndicats sont bien sûr informés. Elles se déroulent, comme il se doit, sur le temps de travail. Les heures passées, ajoutées au temps passé par l'avocate pour établir les modèles de courrier, génèrent des coûts. J'en profite pour lui faire mettre à jour le règlement intérieur. Le juridique est remis à flot.
Sur la partie opérationnelle, n'est pas entrepreneur celui qui ne va pas de l'avant, saisissant les opportunités qui se présentent. Les circonstances m'ont amené à rencontrer en 2003 un chargé d'affaires d'un confrère, que j'avais fini par embaucher. Même si ce salarié s'est avéré rapidement efficient, il n'en demeure pas moins comme tout à chacun, qu'un temps d'adaptation est nécessaire. Les premiers mois, vous ne couvrez pas votre coût salarial. A l'opposé, l'embauche précipitée de salariés en contrats précaires par l'ancienne direction, aide-secrétaire par relation et ouvriers s'est avérée inopérante. Je ne renouvelle pas leurs contrats et leur verse l'indemnité de fin de mission. Tous ces coûts ne sont pas quantifiés dans mon business plan car impossibles d'être projetés, fruit d'un vécu en temps réel.
J'estime le montant de toutes ces dépenses à 50 000 € et cette somme est venue grever la rentabilité de l'entreprise. L'expert a bien pris soin, dans son rapport, de reprendre mes commentaires sur mes remises en conformité non budgétées dans mon business plan. Mais il s'est gardé de reprendre l'essentiel des données chiffrées, dépenses pourtant comptabilisées et validées dans le dossier de justifications des comptes par notre expert-comptable. Elles se cumulent avec les pertes récurrentes sur chantiers de Garnier (127 000 € à lui tout seul sur 2002) que j'avais pris le soin de faire annoter dans une annexe du bilan et qui lui ont valu son licenciement pour faute.
Les comptes sur la période 2002-2004 ne sont qu'une photo à chaque fin d'année de la situation économique de l'entreprise. Leur interprétation à l'état brut peut se révéler trompeuse si l'on ne prend pas attache du vécu de son dirigeant. Vidé de toutes les actions menées, les comptes restitueraient une image autrement positive. Et

encore, je ne fais pas état de l'indirect lié à l'énergie déployée et au temps passé à remettre en ordre une société, et singulièrement dans mon cas, au détriment d'actions plus porteuses car tournées vers le futur comme la recherche de nouveaux prospects.

Un exercice 2005 à perte, dû à un enchaînement d'événements imprévisibles

En cours d'année, j'avais procédé au licenciement d'un salarié pour inaptitude, n'ayant pas de possibilités de reclassement au sein de la société. Le salarié enregistrait des arrêts de travail successifs et prolongés suite à une résurgence de problèmes physiques liés à un accident de travail précédant son embauche au sein de la société. Eu égard à son ancienneté, le licenciement engendrait une dépense d'un montant de 11 000 €. Il fallait bien que cela tombe sur ma personne. Inattendu là-aussi, j'ai reçu, dix ans après les faits, une réclamation de l'Unedic, assurance garantie des salaires ! L'organisme nous mettait en demeure de payer la partie forfaitaire des conventions de conversion du directeur technique et de la secrétaire conclues sur 1995. Je pensais le dossier clôturé dans la mesure où j'avais eu la garantie par le conseil de Dubois que le coût de ces conventions était « garpé », c'est-à-dire rattaché au passif de la société et donc honoré au travers du plan de continuation. J'ai dû faire appel à mon avocat pour préparer des conclusions en vue d'une plaidoirie en défense. Bien que la partie adverse ait fait défaut à l'audience, il n'en demeurait pas moins que la société a dû débourser des frais d'honoraires impensables au départ, pour avoir été induit en erreur.
Concernant les locaux, le bail oblige à les restituer en l'état. Un pan de rives menace de s'effondrer à tout instant à l'entrée de l'un des bureaux. Mon premier souci, en tant que responsable, est de garantir la sécurité de mes salariés. Dans ces conditions, au lieu d'engager un bras de fer avec le propriétaire, lui demandant une prise en charge des travaux qui aurait été très longue, le connaissant, avec des clauses de bail pour le moins ambigües, et sans garantie de

succès, je procède aux travaux de réfection, représentant un investissement de 12 000 €.
Le remplacement de Martin n'est pas efficient. J'ai pourtant fait appel à un cabinet de recrutement de notoriété nationale, dédié au secteur du bâtiment. Pire, côté probité, l'un des trois cadres recrutés, sous couvert de démarches commerciales du vendredi après-midi, est en réalité à la chasse ! Le non aboutissement de la démarche a occasionné une perte sèche de 42 000 €.
Les retards de paiement auprès des organismes fiscaux et sociaux laissent des traces. Des pénalités de retard me sont opposées pour la bagatelle de 38 000 €… qu'il faut payer pour prétendre à solliciter une remise gracieuse. Je me plie à cette procédure.
Toutes ces sommes déboursées s'ajoutent au coût du licenciement de Martin, soit 76 000 €, aux coûts de procédure 9 000 € et aux pertes sur chantier de ce dernier pour 290 000 €.
Je ne peux qu'abonder dans le sens de la réflexion empirique de l'expert qui mentionne que l'amélioration de la rentabilité est la condition primordiale pour générer une trésorerie suffisante afin de désendetter la société et la rendre pérenne. Mais je suis aussi en droit d'attendre de sa part, en tant qu'indépendant, la recherche objective des raisons qui ont conduit à la liquidation judiciaire de la société. Dès le départ, on veut me faire porter le chapeau de tous les maux de la société. L'interprétation de notre demande de rééchelonnement du Plan de Continuation se résumant à « des difficultés financières » est là pour en témoigner. Tous les actes et leurs conséquences que j'ai pu faire valoir au cours de mes rendez-vous et au travers de mes rapports fouillés, n'ont rien changé sur le fond. L'expert fait le constat de l'incapacité de la société à générer suffisamment d'autofinancement, la contraignant à recourir au découvert bancaire et à la mobilisation de créances pour financer son exploitation.
Avec la multitude d'engagements et leur chevauchement, j'ai dû opérer des choix. Considérer que j'ai retenu volontairement des cotisations et de la TVA est tout simplement diffamatoire.

Une recherche de faute intentionnelle de gestion qui tombe à l'eau

L'expert procède à un contrôle rapide de la TVA qui aurait dû être déclarée pour chaque exercice : il reprend le montant TTC des factures clients non encore payées et en ressort la TVA. Il compare ce montant à celui figurant dans les comptes. Il apparaît qu'une somme importante de TVA n'a pas été déclarée à chaque exercice, y compris dans la période 2002-2004. Ce n'est pas une révélation, j'ai dû opérer des arbitrages. Mes priorités se concentraient à rendre conforme la société dans tous les domaines. J'ai donc traité les non conformités les plus anciennes au détriment du quotidien. Je suis conscient d'avoir pris des risques, la TVA étant un sujet sensible pouvant conduire au pénal en cas de manœuvre frauduleuse avérée. Mes intentions ne s'inscrivaient nullement dans ce registre : la preuve, je régularise ma situation avec une déclaration rectificative fin 2004. Le retard accumulé se monte à 300 000 €. Il est à noter que les établissements bancaires ne m'ont pas facilité la tâche par une diffusion claire, uniforme et en temps réel des bordereaux d'encaissements liés aux concours Dailly. Une des filiales bancaires, pourtant détentrice des bordereaux « Dailly », allait même jusqu'à ne pas créditer le compte entreprise dans les temps. Je suis resté hors la loi durant deux ans. De toute manière, et quand bien même, j'aurais déclaré la TVA en temps et en heure, c'est un autre sujet, aussi prégnant, qui en aurait pâti. Citons par exemple, la non régularisation du fonds de commerce suspendue à un risque fiscal. Bien qu'ayant mobilisé mes concours bancaires, toutes ces sorties de trésorerie sont tellement consommatrices de cash qu'elles ne peuvent être satisfaites en parallèle. Les recommandations sur le risque TVA sont confortables, amnésiques des autres dossiers. L'arriéré m'amène à solliciter auprès de la trésorerie un échéancier d'une année. Ma référente a en charge le dossier complet de la société et a une parfaite connaissance de son historique. Elle est parfaitement au courant de la procédure collective. Voyant ma créance du passif se résorber au fil du plan de continuation, elle se montre conciliante et accepte ma proposition.

L'expert, par le biais de cette vérification, cherchait à prouver une faute de gestion intentionnelle. Il ne la trouve pas. Il convient que le préjudice subi par l'administration fiscale est limité, puisque tout a été régularisé. J'ai même couvert les pénalités de retard. De toute manière, cette mise en conformité fiscale était indispensable pour répondre aux appels d'offres des marchés publics en ce début 2006.

Depuis mi-mai, je ne pilote plus la trésorerie. D'une part, mes comptes sont entre les mains des affaires spéciales des banques et d'autre part les saisies attribution au bénéfice de Martin ont bloqué le paiement de nos factures par nos clients.

Sur le plan social, l'expert se range bien évidemment derrière la décision de la Commission des Chefs Financiers, considérant lui aussi que j'ai retenu abusivement des cotisations d'Urssaf. Pourtant, j'avais sollicité un échéancier, convaincu d'avoir payé le précompte salarial annuel, objet du différent. En résumé, on ne m'accorde pas la liberté de tenir une position différente. Le corporatisme prévaut. Que les impôts et l'Urssaf soient concernés par un nouveau passif pour une quote-part aussi importante, j'en suis le premier désolé. Loin de moi l'idée d'avoir agi de mon propre gré, ce sont les événements extérieurs qui m'ont débordé et m'y ont poussé.

L'expert doit fixer la date définitive de la cessation de paiements qui servira de juge de paix

La détermination de la date définitive de cessation des paiements est un élément clef, du seul ressort de l'expert. En première lecture, les données financières issues du bilan 2005 révèlent une perte importante et par voie de conséquence, un haut de bilan déstructuré avec des capitaux propres à nouveau négatifs. Les premières inscriptions de privilèges prises par certains organismes sociaux au cours de l'exercice 2005 laissent entrevoir de graves difficultés financières. Le rapport d'expertise s'en tient à ces

deux éléments pour décider que la date de cessation des paiements est début septembre 2005, soit neuf mois avant la date provisoire retenue par le jugement du Tribunal de Commerce.
Avec ce feedback, je ne suis plus protégé, ma responsabilité peut être engagée. Les éléments à charge sont réunis : défaut d'avoir déclaré la cessation des paiements dans le délai légal des 45 jours et poursuite d'une activité déficitaire. Malheureusement, cela ne me surprend pas, tous les arguments que j'ai pu faire valoir jusqu'alors ont été rejetés. A y regarder de plus près, l'intention était, dès le départ, de faire me faire porter la responsabilité. Décréter que notre demande de report d'échéances du plan de continuation est révélatrice de difficultés financières de la société, sans connaître la capacité financière de son animateur, en dit long. Outre les éléments imprévisibles non retenus en tant que tels et comptabilisés dans les dépenses d'exploitation, l'expert a, de plus, sa propre interprétation du poste comptable : « charges exceptionnelles ». J'ai affecté à ce poste, l'indemnité de licenciement de Martin. J'interprète le terme « exceptionnel » comme événement non prévisible, unique en soi et non récurrent. Selon l'expert, « les charges exceptionnelles font partie intégrante de la vie de l'entreprise et par conséquent de son besoin de financement ». Décision en totale contradiction avec son confrère qui m'a validé les comptes et avec les pratiques. En conclusion, la date de cessation des paiements doit donc tenir compte, selon lui, de l'ensemble des transactions subies par l'entreprise, y compris les dépenses exceptionnelles dès lors qu'elles présentent un effet réel sur les créanciers quels qu'ils soient. Très fort, il aurait fallu que j'anticipe tout.
En attendant, ses dires font mouche.

Le constat d'un maintien d'activité grâce aux banques

L'expert constate qu'à compter de 2002, la société a eu recours au découvert bancaire et à la mobilisation de créances professionnelles Loi Dailly pour financer son exploitation, garanties par mes cautions personnelles. Il renouvelle ce constat sur les exercices suivants. Ce n'est pourtant pas une nouveauté en soi, l'ancienne direction avait en son temps utilisé elle aussi la Loi Dailly. Comment pouvait-il en être autrement pour financer un besoin en fonds de roulement dopé par une forte hausse d'activité sur le cycle 2002-2004, sous la contrainte d'encours accordés mais insuffisants, ne satisfaisant pas les commerciaux de certains grossistes qui doivent rendre compte à leur « crédit-manager ». Les temps changent, le crédit-manager a pris le pas sur le relationnel établi de longue date avec les commerciaux et sur la notion de business, leur direction ayant été échaudée par certains dépôts de bilan brutaux et retentissants. L'expert fait mention d'une hausse du chiffre d'affaires de 52 % de 2002 à 2003, marque de confiance de nos clients à laquelle la société se devait de répondre « présente ».

Pour esquisser un début d'indépendance financière à l'égard des banques, il fallait générer de solides bénéfices. Ils nous auraient permis de constituer un début de capacité d'autofinancement et de nous désengager progressivement des banques.

Ce n'est pas le cas, j'expose les raisons de ces manques à gagner. Les banques ont été sollicitées pour accompagner la croissance de la société, c'est bien ce que l'on est en droit d'attendre d'elles, non ? J'ai assuré à leur égard une communication transparente. Ayant pris acte de la situation, rien ne s'opposait à ce qu'elles ne donnent pas suite à ma demande. Elles restent cependant intéressées par la gestion des flux d'autant plus qu'elles ne prennent aucun risque. Elles ont rempli leur mission jusqu'en avril 2006 sans prendre de risques, finançant du « papier bancaire, créance bancaire », se prémunissant avec mes cautions personnelles fournies.

Jusqu'à fin 2004, l'expert note un excédent des actifs à moins d'un an par rapport aux dettes de même échéance. Cela démontre une structure viable, en dépit des événements majeurs subis. C'est aussi le signe d'un développement bien maîtrisé de l'activité.

Sur 2005, la donne a changé. Je ne peux contredire l'expert quand il pointe un état de cessation des paiements retardé essentiellement grâce au soutien des établissements financiers, même si j'étais convaincu d'un retour à meilleure fortune sur 2006, me faisant fort d'avoir épuré l'outil. Ce scénario s'est bien réalisé, la profitabilité est bien revenue, mais il était déjà trop tard pour que j'en profite pleinement.

Une période dite « suspecte » qui engage ma responsabilité

Une période qualifiée de « suspecte » démarre donc à compter de la nouvelle date de cessation des paiements déterminée par l'expert, soit septembre 2005, pour se terminer à la date du début du mandat ad hoc, procedure de sauvegarde qui me préserve. Sur cette période, tous les actes de gestion réalisés par le dirigeant sont épiés, car il peut en être tenu pour responsable.

L'expert constate ainsi sur ma déclaration de cessation de paiements un passif envers les établissements financiers faible à comparer à la situation de trésorerie de fin décembre 2005. Les découverts bancaires et certains engagements ont, c'est indéniable, notoirement diminué sur la période. Il en conclut que les établissements bancaires ont été de facto privilégiés et désintéressés au détriment des organismes fiscaux et sociaux.

Après sa prise de position catégorique sur les organismes fiscaux et sociaux, nous en voilà aux banques. Il lie et rapproche la position des comptes bancaires revenue quasiment à l'équilibre, un miracle, aux nombreuses cautions personnelles souscrites envers les établissements bancaires. Il appartient donc à la procédure de déterminer si j'ai initié volontairement la réduction, intervenue en partie pendant la procédure de conciliation.

Fidèle à sa ligne de conduite, il pense que j'ai agi intentionnellement, faisant en sorte que les soldes bancaires de la société soient rééquilibrés, pour me permettre de demander la main levée de mes cautions bancaires personnelles contractées solidairement avec mon épouse.

En résumé, l'expert considère ce désintéressement des banques comme autant de paiements privilégiés effectués pendant la période suspecte. Une fois de plus, j'ai suffisamment d'objections à opposer contre cette affirmation jusqu'à avoir une caution personnelle qui n'a jamais été levée. Mon intégrité est mise en cause et je risque à terme un jugement répréhensible pour avoir poursuivi une activité dans mon seul intérêt, un élément à charge de plus.

Dépossédé de la gestion des comptes bancaires de l'entreprise

En réponse à des sollicitations de paiement de factures pro-forma de fournisseurs, les affaires spéciales des banques agissent comme bon leur semble. Il faut vraiment toute l'insistance de la mandatrice pour qu'elles agissent. Je suis encore gérant mais sans pouvoir de décision sur les comptes bancaires de ma société.
Egalement, l'entreprise cède la quasi-totalité de son chiffre d'affaires à des établissements financiers afin de financer son exploitation, concours Dailly. Nous perdons donc la propriété de nos créances clients. Ce transfert de propriété est porté à la connaissance des créanciers de la procédure collective par une publicité faite au greffe. Ces derniers, les organismes sociaux et fiscaux, informés, auraient très bien pu s'opposer à ce changement de propriétaire de créances, la loi les y autorise dans un laps de temps. Force était de constater qu'aucun d'entre eux ne s'est manifesté.
J'oppose donc cette argumentation à l'expert. Pour seule réponse, je reçois une fin de non-recevoir, au motif que le point de droit que je soulève est hors de son périmètre d'intervention. Mes arguments sont donc renvoyés à l'appréciation de la Juridiction concernée.
Au final, comme c'est étrange, ce point ne sera pas repris dans l'argumentation du liquidateur dans ma recherche de responsabilité. J'ai le sentiment d'avoir enfin marqué un point dans ma lutte pour que ma version des faits soit reconnue.

Le mandataire liquidateur attend les conclusions de l'expert

En introduction de ses conclusions, l'expert met en évidence ma légèreté, voire ma négligence en tant qu'ancien responsable administratif et financier. Il me reproche de ne pas avoir pratiqué un

audit des comptes ou une revue préalable à l'acquisition des titres. J'ai beau lui décrire dans mes commentaires les tergiversations de Dubois et de son conseil nous « menant en bateau » durant dix-huit mois, pour en arriver à une cession précipitée des parts sociales fin d'année 2001, ne nous laissant au final que très peu de temps pour nous retourner et réaliser un audit approfondi des comptes, mais rien n'y fait.
L'expert campe sur ses positions, maintient son commentaire, estimant probablement que cette négociation relevait de l'ordre privé et pouvait être interrompue ou renégociée à tout moment par l'une ou l'autre des parties. Selon lui, j'aurai dû stopper la négociation. Exiger que nous soient fournis, avant toute rédaction d'acte, les documents plusieurs fois réclamés. Refuser de reprendre les discussions avant d'avoir des garanties sur la réalisation de nos demandes en préambule de notre entrée en jouissance.
Mais quand bien même aurais-je obtenu les conditions optimales pour opérer un audit approfondi des comptes sur site, la plus-value du contrôle aurait porté sur quelle matière, vu l'état de déchéance de la gestion, plus de comptable, plus d'analytique de projets ? Au final, la seule raison valable de ne pas donner une suite favorable à la reprise de la société était de décréter l'entreprise irrémédiablement condamnée vu son état de déliquescence, avec pour conséquence de la laisser mourir, entraînant son personnel avec elle.
L'expert remet son rapport au Président du Tribunal de Commerce avec copie au liquidateur.

Un avis de poursuite pour paiement de créance m'est signifié

Juillet 2008, un avis d'huissier m'est remis sous pli. Je prends connaissance de poursuites faites à mon encontre par l'un des organismes de financement de ma flotte de véhicules utilitaires. Cet établissement avait financé quatre véhicules en location longue durée. Je suis atterré par cette façon de procéder dans la mesure où absolument aucune manifestation préalable ne me laissait présager qu'ils en arriveraient à ce stade. Courant janvier 2007, j'ai informé

l'organisme que, conformément aux accords de cession du fonds de commerce, je remettais trois des véhicules au repreneur, le 4ème étant en leur possession. Je pensais avoir pris les bonnes dispositions, recherchant une poursuite des contrats par un tiers.
Dix-sept mois se sont donc écoulés depuis ma correspondance. Sans aucun signe de vie. Il me semblait être dans mon droit de considérer le dossier clos. Je suis pris au dépourvu et c'est proprement déconcertant.
L'huissier me conseille de le contacter dans les meilleurs délais sous peine de mise en route des procédures habituelles : recouvrement judiciaire pouvant se traduire par la saisie de mon mobilier, de mon véhicule, de mes rémunérations et le blocage de mes comptes bancaires.
Je prends attache auprès de lui pour obtenir des éclaircissements sur la somme réclamée, 4 000 €, après lui avoir fait parvenir copie de ma correspondance et confirmé que les créances déclarées par l'organisme de financement avaient été contestées par mes soins pour leurs montants puis arrêtées. Ce dernier se plaçait en créancier chirographaire, c'est-à-dire de dernier rang.
La lecture du rapport de l'administrateur judiciaire me conforte dans ma position, mettant en évidence que l'ensemble du passif sera diminué des échéances à échoir des contrats de location repris par le repreneur. Je ne vois pas ce qui peut m'être réclamé.
En fait, l'huissier m'explique que le solde demandé correspond à un solde comptable et non contentieux et m'incite vivement à le couvrir. Car le solde contentieux, lui, se monte à 9 000 € suivant l'application des clauses contractuelles, clauses énumérées en tous petits caractères, histoire de ne pas attirer l'attention du lecteur.
A y regarder de plus près et après recoupement, ces sommes qu'on me réclame concernent bien le seul véhicule utilitaire non repris par le repreneur, mais par l'organisme. L'acte de caution mentionne que, dans le cas où la société ne satisferait pas au paiement des sommes dues, quelle qu'en soit la raison, il me revenait personnellement de m'y substituer, ayant renoncé au bénéfice de discussion.

Au surplus, l'organisme ajoute que le prix de cession que le loueur aurait pu en retirer ne viendrait pas en diminution des échéances, justifiant sa position par le fait que si la société avait honoré tous ses loyers, elle n'en serait pas pour autant devenue propriétaire au terme de l'échéancier et que donc, elle aurait pu la vendre à ce moment-là. Pour résumer, je suis donc engagé solidairement avec mon ex-société. J'absorbe cette somme sur mes deniers personnels, après avoir obtenu un échéancier. Ce fait anecdotique révèle à lui seul qu'il faut se montrer vigilant et méfiant lors de tout engagement écrit, particulièrement en situation precaire de la société. Moi dans la partie, y compris la principalre de l'étude du liquidateur, nous découvrons la chose. Ces organismes ont toujours le dernier mot, usant de solutions ultimes, leur silence ne valant pas clôture administrative du dossier.

Le liquidateur m'assigne devant le Tribunal de Commerce.

Quelques jours avant Noël 2008, je prends connaissance d'une assignation du liquidateur me demandant de comparaître devant le Tribunal de Commerce en janvier 2009. Je n'imaginais pas un seul instant qu'il prendrait une telle décision. Je ressens sa démarche comme un coup de poignard dans le dos. D'autant plus que la convocation me parvient dans une période où l'esprit de tous est tourné vers les fêtes de fin d'année, synonyme de joie et de plaisir. Autant dire que je n'ai pas le cœur à partager le bonheur familial, redoutant avec appréhension l'avenir judiciaire immédiat qui va m'être réservé.
Je dois pourtant me faire une raison. Le rapport de l'expert-comptable est du pain béni pour le liquidateur. Celui-ci est arrivé à ses fins : la mise en évidence de fautes de gestion caractérisées. Fort de cette argumentation, il me rend responsable de l'aggravation du passif de la société. Sa volonté est donc de me faire participer personnellement à la prise en charge du dit-passif dans sa totalité ou pour le moins partiellement, difficile de se faire une idée. La confiance qu'il me semblait avoir instauré avec lui au fil de la

procédure, mesurée par la qualité et l'efficacité de nos échanges, est anéantie.

J'ai eu à cœur de mener à bien la gestion des dossiers, de concert avec l'économiste nommé, en vue d'une clôture optimale des comptes de la société. Les résultats sont probants : nous avons récupéré 98% des créances clients, synonyme de rentrées de « cash » dans la trésorerie de la société. J'ai également permis la cession du fonds de commerce par le transfert de propriété. J'ai trouvé un repreneur allant au bout de la démarche et que le Tribunal de Commerce choisit, finalement, après qu'il ait satisfait au critère financier minimal. Ces actions convergent pourtant bien dans le sens du liquidateur, représentant et défenseur des créanciers. Il est responsable de la répartition des créances : en premier lieu servir les créanciers super-privilégiés représentés par le fonds de garantie des salaires qui nous avait suppléés pour le paiement des salaires depuis le dépôt de bilan, et les experts mandatés qui facturent leurs honoraires. Les créanciers privilégiés que sont les organismes sociaux et fiscaux arrivent en deuxième rang. Quant aux créanciers chirographaires que sont les fournisseurs, l'insuffisance d'actif ne permet pas, dans la majorité des cas, d'initier un début de remboursement.

Le liquidateur n'en démord pas : je suis responsable d'avoir déposé le bilan trop tardivement, ne respectant pas le délai imparti des 45 jours. Il reprend l'argumentaire de l'expert, décalages systématiques des paiements fiscaux et sociaux, financement des créances clients et inscriptions de privilèges justifiant la date de cessation des paiements à septembre 2005. Il renchérit que le passif de la société s'est accru en raison de la poursuite d'une activité déficitaire depuis plus de dix-huit mois. Il ajoute que je ne peux pas être exonéré de responsabilité dans la mesure où j'étais informé de la situation financière de l'entreprise par un état comptable intermédiaire établi par l'expert-comptable. Au passage, je revendique la paternité de la tenue de la comptabilité, l'expert-comptable se cantonnant à un travail de vérification sur ma demande. On ressent la solidarité et la

complicité entre ces professionnels. Le liquidateur arrête un passif comprenant aussi, après contrôle, des coûts sociaux postérieurs au dépôt de bilan… Après tout pourquoi pas ? Tant qu'à charger la mule ! Son intention est manifeste : c'est m'anéantir. Comme cela ne suffit pas, il demande une interdiction de gérer pour une durée restant à déterminer.
Autant dire, révoltant et vexatoire au regard de tout ce que j'ai pu faire pour cette société dans un esprit de droiture morale.

Quand on incite le liquidateur à agir dans l'intérêt de la société……

Avec mon avocat, nous avons encore bien présent le souvenir d'un mandataire liquidateur réceptif à nos demandes de reprise des dossiers contentieux qui nous tenaient à cœur : l'appel contre la décision prud'homale prononcée en faveur de Martin et le dossier de concurrence déloyale pratiquée par le 2ème chargé d'affaires. Concernant ce dernier dossier, le liquidateur a même évoqué la possibilité de diligenter une mesure d'instruction contre cette société. Jusqu'alors la décision de reprendre le cours de la procédure d'appel et d'instruire un nouveau dossier était suspendue aux conclusions de l'expert. Mais déception, il ne se prononce pas sur le sujet, me laissant seul responsable de ce que j'affirme au sujet de deux anciens collaborateurs.
Il est bon de rappeler que le temps consommé par l'expert pour établir son rapport a d'ores et déjà fait avorter une possible poursuite d'action judiciaire contre la société de lobbying, cette dernière étant liquidée. Concernant le dossier de concurrence déloyale, il ne connaîtra pas de suite, résultat jugé trop aléatoire au regard des moyens financiers à déployer.
Reste le dossier de Martin, qui mérite selon moi qu'on s'y attèle, eu égard au dédommagement colossal qui lui a été attribué. Mon avocat a proposé ses services en y joignant un budget d'honoraires mesuré. Ayant été échaudé par l'inefficience du cabinet dans le domaine social, je vois d'un bon œil le transfert du dossier par le

liquidateur à l'un de ses postulants, spécialiste en droit social. Après étude du dossier, ce dernier n'est pas chaud pour agir, son argument étant l'absence de justificatifs suffisamment probants et recevables selon lui pour caractériser le caractère réel et sérieux du licenciement de Martin. Je dois bien en convenir, je n'ai pas été bien épaulé. Il faut me résigner à digérer ce jugement, la phase d'appel étant circonscrite à la lettre de licenciement de Martin. Les conditions du déroulement de l'audience prud'homale ne peuvent tout au plus être évoquées que verbalement. L'avocat va jusqu'à considérer qu'il y a une erreur de casting dans le mode du licenciement. L'économique lui aurait paru plus approprié. Pour autant, il admet que l'indemnité allouée à Martin, d'un montant de 130 000 €, est disproportionnée, puisqu'il n'y a rien de versé au dossier pour attester d'un préjudice de plus de six mois. Le plus fort dans cette histoire est que l'avocat finit par plaider non pas par conviction, mais parce qu'il craint mes récriminations futures. Il a aussi pour objectif d'obtenir un avis autorisé et contradictoire du Fonds de Garantie des Salaires sur le montant de l'indemnité et sur les plafonds applicables. Assez consternant. Au regard de la somme en jeu, il m'apparaît légitime de m'y opposer avec détermination. D'où mes relances insistantes auprès du liquidateur. Les faits me donnent raison, l'indemnité est ramenée à 100 000 €. C'est toujours cela de gagné. Peu importe la suite que donnera le fonds de garantie des salaires, une économie en ressort et c'est bien là l'essentiel.

Une rencontre fortuite qui tombe à pic

Force est de se rendre à l'évidence, mon avocat ne peut plus exercer pour raisons de santé. Un choc brutal pour sa secrétaire qui le retrouve affalé sur son bureau. Son cabinet tombe en désuétude. Son associée, avocate en droit social, l'a quitté et aux dernières nouvelles a maille à partir avec le bâtonnier sur le rendu de ses dossiers. Très contraint et perturbé, on le serait moins, je commence à chercher en urgence dans les pages jaunes, les cabinets d'avocats d'affaires ayant une spécialité en droit des procédures collectives.

Mais nous sommes entre Noël et le Jour de l'An, autant dire une période peu fructueuse pour ce type de démarche car atone en terme d'activités. Mes appels restent sans suite.
Préoccupé, j'évoque ma situation devant des collaborateurs de mon nouvel emploi avec lesquels j'ai sympathisés. Grand bien m'en prend. Un chargé d'affaires me confie que, lors de parties de chasse, il côtoie un avocat qui pourrait répondre au profil que je recherche, défendant des dossiers devant les tribunaux de commerce. Ayant obtenu ses coordonnées téléphoniques, je le contacte aussitôt et lui décris brièvement ma situation. Par le plus grand des hasards, je tombe sur le conseil idoine. Non seulement, il est spécialisé dans le droit des procédures collectives et plaide également des dossiers devant le tribunal de Commerce dont dépend ma société.
Je pousse un OUF de soulagement, les éléments m'étant ENFIN favorables. Un rendez-vous est donc programmé tout début 2007 à son cabinet. En attendant, je lui adresse l'historique des événements majeurs enrichi de copies de documents.

Je pars confiant à cette première prise de contact avec l'avocat, il faut me sortir de cette nasse à tout prix.

Un accueil très courtois m'est réservé. Au mur, deux armes de la marine sont accrochées. Le conseil a pour aïeul un corsaire. Quel meilleur signe ? Mon esprit s'évade quelques instants, me projetant dans l'atmosphère de ces ardents aventuriers, prêts à en découdre sans relâche. J'aurai l'occasion de pouvoir constater que cet avocat a bien dans ses gênes une âme de guerrier.
Il commence par me demander de compléter son dossier de pièces justificatives : en particulier, mes relevés de banque justifiant les factures et frais payés personnellement pour le compte de ma société. Je dois également rétablir la réalité du passif arrêté à la date du dépôt de bilan, purgé des charges sociales postérieures que l'on veut me faire supporter. Je dois aussi mettre en avant les créances clients récupérées grâce à mon action.

Nous évoquons ses honoraires. Dans ce genre d'affaire, la fourchette de condamnation étant large et très aléatoire, pouvant aller d'une participation partielle jusqu'à la totalité du passif ressorti par le liquidateur, les honoraires sont toujours difficiles à définir. L'avocat rédige donc une convention d'honoraires qui seront fonction des résultats obtenus, au regard des demandes du mandataire liquidateur. Une grande incertitude pèse. Le pire des scénarios reviendrait à perdre ma résidence principale et à payer le solde le reste de ma vie ! Impensable quand on a la conviction d'avoir œuvré pour le bien de sa société et de ses salariés, sans en avoir tiré aucun profit personnel !
Ces honoraires variables s'ajoutent aux honoraires forfaitaires pour le suivi de la procédure (conclusions, communication des pièces, dossier de plaidoirie) devant le Tribunal de Commerce. Même si je perçois un salaire correct, ils représentent une charge significative à couvrir dans ma nouvelle fonction de salarié. Mais il m'est indispensable de m'entourer d'un homme de loi d'un tribunal de rattachement différent, ayant défendu des dossiers semblables et ayant éprouvé une jurisprudence devant le Tribunal de Commerce.

La stratégie élaborée par l'avocat : s'appuyer sur le rendu des missions de mandat ad hoc et de conciliation

Je pense utiliser, comme fenêtre de défense, le dossier de Martin. Mon avocat me le déconseille, convaincu que cela pourrait me nuire et se retourner contre moi. En effet, l'instruction se poursuit sur le plan judiciaire. Le liquidateur rétablit, sur mes demandes insistantes, l'affaire au rôle. L'avocat me suggère comme stratégie de me placer sous « la protection » du Tribunal de Commerce qui a désigné la mandataire ad hoc puis la conciliatrice en parfaite connaissance de cause. Cette préconisation est judicieuse, le rapport de la conciliatrice m'étant favorable dans son ensemble. Il n'est pas difficile d'être plus objectif et plus complet que le rapport émis par l'expert-comptable !

Mon avocat reprend les conclusions du rapport du mandataire ad hoc qui constatait fin mai 2006 l'état de cessation de paiements de la société, mais fondait beaucoup d'espoir sur la période estivale et sur la possibilité de retrouver une situation « in bonis » facilitatrice à sa cession. Les entreprises du bâtiment adhérentes à la Caisse de Congés Payés voient cette dernière se substituer à elles pour le paiement des congés d'été de leur personnel. Mon avocat rappelle cependant que, même sans attendre cette période favorable à des coûts salariaux plus faibles, la conciliatrice considérait qu'il n'était pas nécessaire de regulariser une déclaration de cessation des paiements dans la mesure où un candidat repreneur très intéressé par ma société, s'était manifesté auprès d'elle. Elle annonçait même une reprise imminente. Afin d'assurer la cession, elle demandait, en attendant, à la banque historique de la société, d'honorer les chèques émis, nonobstant la période de préavis vécue dans le cadre de la résiliation de ses concours. Elle lui opposait que dans le cas contraire, l'interdiction bancaire conduirait inexorablement la société à déposer son bilan... Dans ces conditions, l'argument du liquidateur de retenir une date de cessation des paiements à début septembre 2005 tombe. Je suis quelque peu rassuré de ne pas avoir dépassé le délai de 45 jours, suite au rapport de conciliation de l'administratrice, remis courant septembre 2005, étant tenu par la date de remise de ce dernier.

La situation de retournement n'est pas tombée du ciel

Mon conseil retire la quintessence du rapport de la conciliatrice sur les véritables raisons qui ont conduit la société à enregistrer cet état de fait. Il met en exergue que la perte constatée sur 2005 est essentiellement due au coût de restructuration lié au départ de deux chargés d'affaires, que rien ne le laissait présager au préalable, les exercices 2003 et 2004 étant bénéficiaires. Qu'à la suite, la société a dû faire face à une action de concurrence déloyale de l'un de ces deux chargés d'affaire, partie prenante dans la création d'une société concurrente. Cette entité s'est structurée rapidement, sur le dos de mon entreprise, après avoir débauché en peu de temps plusieurs monteurs électriciens. Notre ex-chargé d'affaires répondait à des appels d'offre bancaires communs en « cassant les prix », empêchant ma société de les gagner. Dans le prolongement, il était mis en évidence que le premier semestre 2006 se poursuivait difficilement avec, pour couronner le tout, le report de cinq chantiers d'agences bancaires pour 170 000 €. Face à ce manque à gagner, la société subissait de plein fouet les frais financiers et des charges exceptionnelles liées aux honoraires de la procédure qui lui étaient imputés. Sur cette période, il n'était pas étonnant de constater à nouveau une perte d'exploitation de 180 000 €. Son passif fiscal et social s'en trouvait aggravé dû à des facteurs que l'avocat considérait comme irrésistibles et imprévisibles.

L'avocat valorise mes actions

Là où j'avais encore la main pour agir, je ne suis pas resté inactif. C'est ce que ne manque pas de souligner mon avocat. Sur la période estivale, la société a renoué avec une exploitation équilibrée, essentiellement expliquée par la baisse de la masse salariale. Il est donc démontré que j'avais pris des mesures qui s'imposaient en pareilles circonstances. De la même manière, il met en exergue que mes budgets prévisionnels étaient fiables et crédibles, corroborés dans les faits en dépit de toutes les aléas que l'entreprise a pu subir.

La reconnaissance d'un comportement totalement dédié à l'entreprise et à ses salariés

L'un des rares sujets à faire l'unanimité est ma rémunération, considérée comme mesurée. Aucun enrichissement personnel, aucun détournement d'actif, ne me sont reprochés.
Encore heureux que ma moralité soit sauve, n'ayant pas hésité à alimenter le compte courant de la société afin de permettre le règlement de certaines factures fournisseurs et frais de carburant,

attitude mise en lumière par mon avocat.
De même, en dépit du choc psychologique que représente la liquidation judiciaire de sa société, j'ai continué à montrer la même ardeur pour recouvrer les créances clients en aidant et en collaborant avec le métreur vérificateur. Ce travail, et mon avocat le souligne, a porté ses fruits, diminuant d'autant le passif.

La conclusion de mon avocat : en parfaite adéquation avec le factuel vécu

Mon avocat me décrit comme un « dirigeant malheureux », qui a dû faire face à des éléments extérieurs et imprévisibles alors que la rigueur comptable révèle qu'effectivement l'état de cessation des paiements était antérieur à début octobre 2006. Je ne pouvais pas anticiper de manière prédictive le départ quasi simultané de deux chargés d'affaires impliqués dans la perte financière. Dès lors, une faute de gestion à ce titre ne peut m'être imputable. D'autant, comme l'affirme mon conseil, que j'ai été suffisamment prévoyant et lucide pour recourir à la loi sur la prévention des difficultés d'entreprise. J'avais un espoir légitime que la mandataire trouve un repreneur dans le cadre d'une cession « in bonis » de ma société après avoir engagé toutes les mesures nécessaires à ce retour de profitabilité. Il est de plus immoral de me faire supporter un passif postérieur à la date de cessation des paiements représentant une somme de plus de 300 000 €.

Le jour du jugement final arrive à grands pas

Novembre 2009 restera une date gravée dans ma mémoire. Après maints renvois, nous sommes convoqués au Tribunal de Commerce pour une audience ultime et déterminante. A l'issue des plaidoiries de chacune des parties, mon sort sera statué, en délibéré. Etant auditionné par le Tribunal, il me faut malgré tout faire bonne figure, garder mon sang froid et l'esprit clair.
Le ventre noué, je me rends au Tribunal. Je passe devant l'étude du

mandataire liquidateur. Son bureau est éclairé, il est bien présent, son véhicule, reconnaissable, l'atteste. Nous pénétrons dans la salle d'audience appelés par le Juge Commissaire. Je le reconnais aussitôt, il n'est autre que la personne que j'avais délibérément évitée trois ans plus tôt, lors du dépôt de bilan, ayant un vécu professionnel commun. Quelle sera son attitude ? Je vais bientôt le savoir. En tout cas, manque à l'appel un protagoniste, et non des moindres, le liquidateur initiateur de la procédure. C'est proprement étonnant.... Son avocate assure seule sa plaidoirie.
Les débats se déroulent courtoisement.
Le représentant du Ministère Public vient à mon secours, mettant en avant le courage que j'ai eu de reprendre une société en grande difficulté. Il trouve que c'est suffisamment rare pour être cité.
L'audience s'achève par une allusion caustique du Juge Commissaire à mon encontre : « Vous donnerez bien le bonjour à M. Moreau », clin d'œil à son ancien salarié qui, depuis son départ de ma société, nous a causé bien des misères. Le jugement est mis en délibéré.
Un mois plus tard, je reçois la signification du jugement rendu par le Tribunal de Commerce. Il me donne pleinement satisfaction, et va dans le sens de l'argumentaire défendu par mon avocat : « dirigeant malheureux ». Le liquidateur est donc débouté de ses demandes portées à mon encontre pour comblement du passif de la société.
Une page se tourne sur le plan judiciaire, aucune suite ne sera donnée par le mandataire liquidateur. C'est infiniment plus qu'un soulagement. Ma vie aurait très bien pu basculer, je le sais. Ma résidence principale aurait été emportée dans la tourmente, une saisie sur salaires aurait été faite pour solder le passif. Cela touche vos éléments de vie de première nécessité, c'est arrivé à tant de chefs d'entreprise qui se trouvent ainsi dépouillés. Parfois même, c'est la cellule familiale qui se brise.

L'idée de croire que je m'en tire à bon compte est un leurre

Je ne suis pas l'investisseur auquel on aurait pu s'attendre. Je n'ai pas le profil type du capitaliste qui a su tirer parti de ses investissements et qui les réinvestit dans des secteurs d'activité porteurs, fédérant des partenaires financiers autour de lui. J'en suis même loin. A y regarder de plus près, le secteur du bâtiment n'est pas, à proprement parler, un secteur attrayant et rémunérateur, à l'exception de rares marchés à niche. Je fais partie, au contraire, de la couche moyenne de la population, celle qui, pour devenir entrepreneur et tenter de sauver un outil de travail et des emplois avant qu'il ne soit trop tard, a eu besoin de monopoliser des ressources familiales. J'ai voulu œuvrer pour le bien commun. Il est indiscutable que sans cette aide financière familiale, le projet de reprise n'aurait jamais vu le jour.

J'ai en permanence à l'esprit les échéances mensuelles du prêt familial que je n'ai pu couvrir durant ma mandature. Ce n'est pas tant l'obligation contractuelle que nous avions décidée ensemble qui me préoccupe, mais le devoir moral de remplir mes obligations à l'égard de proches. Ils ont agi beaucoup plus par « lien de sang » que convaincus de la réussite du projet à terme.

Je rembourse donc personnellement le solde du prêt hypothécaire et lève la garantie adossée. Je fais de même pour les dernières échéances du compte courant de Dubois, ce qui me permet de désengager la caution bancaire parentale. La reprise de ce compte courant, l'une des conditions de la cession, s'était singularisée par un acte juridique distinct du rachat des parts sociales et pour cause. J'ai à nouveau avancé de l'argent à la société, somme que je n'ai pas cherché à récupérer, elle était dédiée à l'entreprise. Et j'ai eu raison, car ce remboursement aurait été considéré par l'expert-comptable comme un privilège à des fins personnelles réalisé durant la période dite « suspecte ». Pour assouvir tous ces remboursements, mon épargne personnelle et mon salaire étaient insuffisants, j'ai dû recourir à d'autres solutions.

Mes crédits à la consommation me conduisent à une impasse

Dans le cadre du financement du rachat de la société, j'avais déjà fait appel à des crédits à la consommation. Ils suppléaient mon

épargne limitée et palliaient mon impossibilité à faire appel à une banque classique. Avec le plan de continuation de la société en cours et ses derniers bilans, inutile d'émettre la moindre demande, c'était peine perdue. A l'époque, les conditions d'attribution de crédits révolving n'étaient pas si regardantes. Je les ai donc dévoyés de leur objet, ce que je ne pourrais plus faire maintenant car la loi Lagarde est passée par là, en encadrant l'octroi face à de trop nombreux abus. Je considère que c'est une avancée positive car derrière ces facilités de financement que l'on pouvait de fait assimiler à des réserves d'argent, se cachaient des taux d'intérêts prohibitifs, sans commune mesure avec les taux du marché. Confronté, comme tous ceux qui y ont souscrit, à cette problématique de remboursement, il aurait été tentant dans ma position de gérant, de m'augmenter, pour pouvoir rembourser de manière anticipée ces crédits révolving. Mais il n'en est pas question, ma priorité reste mon entreprise et je suis bien placé pour savoir que, pour une PME de cette taille, le poids que représentent les charges du personnel, dirigeant compris, doivent être sous contrôle.
Il ne faut pas se focaliser uniquement sur le salaire mais prendre en compte les charges patronales rattachées. C'est pour cette raison qu'en devenant gérant majoritaire de mon entreprise, j'ai opté pour le régime des indépendants, plus connu sous le nom de « RSI » tant décrié dans son mode de gestion. Ce mode de rémunération vous permet une grande souplesse dans vos prélèvements, demandant seulement d'y faire mention dans le procès-verbal d'assemblée annuelle d'associés. Ce fonctionnement m'a permis de réduire mes prélèvements sur l'exercice 2006 et de ne pas faire supporter par l'entreprise les charges obligatoires liées au régime des indépendants. Je négocie avec les organismes des délais de règlement et paie mes cotisations quand je redeviens salarié. Je tiens pendant trois ans, jonglant avec mes positions de comptes bancaires. Mais courant 2009, la situation devient intenable. Au regard du nombre de crédits en cours, aucune banque classique n'accepte de restructurer ma dette. Je dois me résoudre à faire appel

à un courtier spécialisé dans ce domaine. Je n'ai jamais eu affaire à ce genre d'interlocuteurs. Pour autant, fébrile, je veux trouver rapidement une solution à mes problèmes. La précipitation conduit souvent à retenir la première personne qui se montre avenante, disponible et à l'écoute vos dires. Ce ne sont pas toujours des décisions sages et réfléchies, loin s'en faut.
Compte tenu de ma sensibilité financière, il aurait été plus judicieux de ma part de prendre attache auprès de plusieurs cabinets. En recoupant leurs réponses, j'aurais pu comparer objectivement leurs méthodes de travail, leur professionnalisme, et étayer ainsi mon choix. Mais en situation financière d'urgence, l'aspect psychologique entre en ligne de compte, mon épouse pourrait en témoigner. Nous retenons donc le premier cabinet disponible. Pour monter notre dossier, nous devons faire preuve d'une totale transparence sur notre situation financière, ce qui ne m'a jamais contraint. Il nous faut justifier de tous nos engagements, crédits, placements, acte de propriété, assurances. La restructuration de la dette présente un montant substantiel, garantie par la résidence principale que nous possédons, fort heureusement. Nous sommes pieds et poings liés aux conditions du crédit. Ces organismes spécialisés font leur fonds de commerce sur ce type de risques. Le taux de crédit s'en ressent, prohibitif, donnant la sensation de payer sans discontinuer et sans que le solde restant dû s'en ressente. J'ai le sentiment d'une double peine. En préambule de la mise en place du dit crédit, le courtier délègue des experts en évaluation immobilière afin d'estimer notre bien immobilier et de valider la garantie financière exigée. Les premiers se comportent de manière ignoble à l'égard de mon épouse, seule présente au moment de leur passage. « Vous êtes condamnés à payer toute votre vie...» lui déclarent-ils. Que des individus usent de leur influence du moment pour proférer de tels jugements et se comporter en véritables inquisiteurs, c'est proprement inacceptable et scandaleux. Mon épouse subit un véritable affront et il sera difficile de dissiper de telles paroles chez une personne sensible. Elle portera longtemps en elle le souvenir de

ce malheureux épisode, le reliant à cette expérience entrepreneuriale malheureuse qu'elle ne souhaite plus voir évoquer, « comme remuer un couteau dans la plaie ». J'en fais part au courtier et réussis à ce qu'il change les experts qui s'occupent de nous.
Le crédit qu'on nous accorde présente les caractéristiques d'un crédit immobilier de par sa durée, à ceci près que, lui, est versé à fonds perdus, avec une assurance décès « couple » adossée. Quant à la souplesse accordée, il n'y en a que très peu, pour ne pas dire aucune ou alors avec un surcoût du crédit dû à son rallongement et aux pénalités attenantes. Il me faut assumer la responsabilité pleine et entière de mes actes, ne devant m'en prendre qu'à moi-même. La réalité, de toute manière, vous rattrape toujours, rien ne sert de la nier. Dorénavant, notre résidence est grevée d'une hypothèque partielle en garantie du crédit et je suis tenu de payer les échéances pendant un certain nombre d'années encore. Ce crédit pesant sur le budget familial impose des sacrifices et est le sujet de temps à autre de discussions enflammées.

Laisser croire à vos proches que rien n'a changé est un comportement malheureux

En tant que chef de famille, vous voulez faire bonne figure, c'est humain et au jeune âge des enfants, l'affect est très réceptif. Cela passe par du bon temps passé en famille. Votre nouvelle vie de salarié cadre ne vous permet pas de profiter pleinement du temps libre. Je suis conscient d'avoir eu l'opportunité d'enchaîner rapidement une nouvelle vie de salarié. Je dois juste patienter seize mois pour mes premières vacances. Ces dernières sont l'occasion de profiter pleinement de la vie de famille facilitée par la découverte de lieux idylliques en Corse, sur la côte d'Azur. Cela arrive après une décennie au cours de laquelle je me suis investi sans relâche dans l'entreprise, relevant de nombreux défis, se défendant contre les décisions judiciaires à la fois pour le compte de l'entreprise et pour me préserver, palier à l'immobilisme du cédant, le réveil est brutal. On tombe de haut, il y a de quoi. A certains moments, notre défense se vivait aussi intense qu'un combat de boxe. Il fallait être prêt le jour de l'audience, avoir échafaudé une stratégie, structuré une riposte sous peine de subir l'application de décisions unilatérales et arbitraires. J'étais continuellement sur la brèche et sous pression. Je garde cette même énergie en tant que salarié, ce positivisme, ce moral permanent, ne laissant rien apparaître. A ceci près, qu'une fois par an, j'éprouve un besoin vital d'une coupure avec le quotidien, histoire de me ressourcer, de me régénérer mentalement, comme dans un sas de décompression. Car bien que le temps passe, le sentiment d'un échec personnel sommeille en vous, titillé de temps à autre par un entourage qui vous lance en pleine face des réflexions du genre : « je te l'avais bien dit qu'il ne fallait pas le faire », « je ne comprends pas, tu ne savais pas lire un bilan ? ». Il faut donc se montrer fort, garder inébranlables ses convictions. Ma volonté d'inculquer mes valeurs à mes enfants et l'activité sportive m'y aident beaucoup et me permettent de faire mon introspection.

Une prise de hauteur et le recul me donnent l'occasion de faire mon autocritique

Mais ces vacances que je m'accorde s'avèrent, au final, trop dispendieuses. Il ne faut pas se voiler la face. Les échéances mensuelles du crédit pèsent lourdement sur le budget familial en dépit de mon salaire de cadre. J'admets qu'il nous faut nous restreindre sur ce plan-là aussi. Il faut passer cette période et ne pas lâcher, en se disant que c'est mon dernier engagement à tenir, permettant de tirer définitivement le rideau sur cette expérience entrepreneuriale malheureuse.

Je ne renie aucunement mes actions.
Je n'ai aucun regret sur ma décision d'avoir repris cette entreprise. Je reste convaincu qu'avec les profondes restructurations opérées, l'entité était viable. Point essentiel, je savais que je pouvais compter sur ses ouvriers et leur savoir-faire. Ils avaient déjà fait preuve de professionnalisme, de solidarité et de fidélité lors des graves crises

que la société avait traversées et ils ont continué à les montrer. Certains d'entre eux continuent à m'appeler pour me fêter la bonne année. Si c'était à refaire, je renouvellerais l'opération mais en adaptant ma conduite au monde des affaires, avec moins de sentiment et une pensée pour soi. Certes, j'ai pu faire entendre mes arguments de « dirigeant malheureux » et être blanchi, le tribunal lui-même reconnaissant qu'un concours de circonstances a entraîné la chute de ma société. J'ai également bonne conscience, rien à me reprocher sur le plan de l'éthique. Il n'empêche, je dois analyser ce qui s'est passé, avec lucidité et humilité et en tirer des enseignements sur mon mode de fonctionnement.

L'éducation que j'ai reçue, judéo chrétienne et mon sens régalien, m'ont trop incité à prendre les devants afin de rendre conformes, au plus vite et dans tous les domaines, les sujets rattachés à la société. J'aurais dû plus canaliser mon comportement impétueux. Je n'aurais pas autant dû bousculer l'ordre des choses. A bien réfléchir, il fallait laisser en l'état, la priorité étant la rentabilité avant tout. J'ai ainsi dénoncé des usages non conformes comme les indemnités de grand déplacement de Martin, j'ai mis en place des instances du personnel, établi des contrats de travail en bonne et due forme pour l'encadrement, corrigé les inepties juridiques telles le fond de commerce et les conventions… Ces sujets ont été portés seulement par mon avocat et moi-même. Ils n'ont jamais été la préoccupation des conseils de la société, ils n'ont pas même éveillé l'attention des juridictions et des organes de la procédure…. Tout le monde s'accommodait de la situation ambiante. Il aurait mieux valu que j'adopte la même attitude, quitte à créer une situation de blocage pour la cession du fonds de commerce, le point le plus criant. Car ces actions n'ont pas été sans conséquences : elles ont occasionné une perte de temps productif et ont entraîné des dépenses d'honoraires d'avocats qui ont grevé indiscutablement la rentabilité de mon entreprise. Afin de s'assurer en continu les services de l'avocat, je devais couvrir ses honoraires dans des délais raisonnables, d'où des sorties de trésorerie au détriment du courant.

En d'autres termes, sans ces coûts, la société aurait assumé ses échéances sociales et fiscales mensuelles avec moins de difficultés et nul doute que son passif s'en serait trouvé diminué d'autant.

Je pensais que l'on pouvait faire confiance à la parole donnée, qui plus est de la part de représentants de la justice, eh bien il s'est avéré que non. La leçon que je retire de tous ces événements est que j'ai accordé trop facilement ma confiance aux mandataires judiciaires et aux conseils de la société. J'ai appris à mes dépens que la transparence et la qualité des échanges instaurés dans la durée n'ont pas eu nécessairement leur pendant du côté de mes interlocuteurs, dans le respect de la parole donnée. J'étais en droit d'attendre d'eux une aide effective. D'autant qu'il me semblait leur avoir ôté une épine du pied en reprenant ce dossier dans de telles conditions ! Pas de quoi se bousculer pour reprendre un tel dossier, à l'évidence j'étais peut-être le seul. Dans les faits… on m'avait annoncé un appui pour l'aménagement du plan de continuation afin de faciliter la reprise de la société : reniement ; notre proposition d'acte de réitération du fonds de commerce : une non-suite ; de bonnes intentions prenant acte des méfaits de deux salariés-cadres : sans mon insistance, l'un des dossiers serait resté au point mort. Quant à mon avocat à qui j'avais confié en gestion la procédure collective, sujet oh combien spécifique, et le volet social, autre spécialisation que le cabinet revendiquait, j'en retire un retour mitigé. Comme tout bon vendeur, on vous propose une prestation intégrée, balayant divers domaines. Autant, le patron du cabinet s'est montré brillant, fin stratège, sans complaisance à l'égard de l'administrateur judiciaire lors de ses plaidoiries au Tribunal de Commerce, autant son associée, spécialiste du droit social, n'est pas allée au bout de ses intentions. Ce n'est pourtant pas faute d'avoir subi un véritable affront lors de l'audience prud'homale pour Martin, n'ayant pu développer ses conclusions. Contrairement à ses dires, elle ne remontera pas l'information auprès du bâtonnier. Fallait-il y soupçonner des scrupules avec la chancellerie ? Le temps lèvera le bénéfice du doute. Manifestement, le social n'est pas le point fort du cabinet, la reprise du dossier par le patron sur le final n'y changera rien. Les dés étaient lancés. La lettre de licenciement économique nous enfermait dans un cadre contraint. J'en conclus que pour un dossier aux enjeux aussi importants, j'aurai dû faire appel à un deuxième cabinet d'avocats ayant le droit social pour spécialité. Je retire de cette expérience que l'efficience de l'avocat se mesure par son audace, le sens de la provocation, le verbe haut, son charisme, sa posture lors de ses plaidoiries.

Je vis la même déception pour le cabinet d'expertise comptable de la société. S'entendre dire, dès mai 2006, par son nouveau patron « qu'il fallait liquider la société » sans aucune autre tentative de recherche de solution, c'est un peu court. Dans le même registre, son collaborateur, en charge de notre dossier depuis près de quinze ans, me téléphone, quelques jours avant le dépôt de bilan, pour me dire, je le cite, « et mes honoraires ? ». Certes, l'encaissement de ces derniers était l'un des critères mesurés entrant dans le calcul de son intéressement, mais il m'apparaissait plus prégnant de s'occuper avant toute chose du sort de la société et de ses employés ! Une trentaine de salariés était concernée, ce sont autant de familles derrière à nourrir, soit plus d'une centaine de personnes dont je porte la responsabilité, ce n'est pas rien ! J'avais poursuivi la collaboration avec le cabinet d'expertise comptable de Dubois, pour l'unique et simple raison que j'avais noté l'influence de l'ex-patron du cabinet au sein du Tribunal de Commerce et sur le plan local, qui pouvait m'être utile. Ce que je découvre par la suite, c'est que le dit cabinet a également en charge la comptabilité de la société du frère de Dubois qui a récupéré dans ses rangs, Martin. Une histoire de famille ! La déontologie professionnelle aurait voulu que j'en sois averti de vive voix par le patron du cabinet, eh bien non, le business avant tout. J'en conclus que certains conseils et autres mandataires de justice sont beaucoup plus préoccupés par leurs intérêts propres, leurs charges d'études, leur aura, leur image, solidarité renforcée pour quelques-uns, par l'appartenance à une obédience. Ce cercle, comprenant des acteurs économiques influents, est, sans conteste, fertile et facilitateur pour le développement des affaires. J'aurais pu en faire partie mais je voulais avant tout préserver ma liberté de pensée.

Une soif de communication interne sans les effets escomptés

Ma volonté de mettre en place un modèle sociétal m'a conduit à appliquer une politique de communication jusqu'au-boutiste auprès de mon personnel. Avec le recul, j'en prends pleinement conscience. Nul doute que je devais associer le personnel à mon action : j'avais absolument besoin d'eux et c'était ensemble que nous nous donnions une chance de relever le défi. Eu égard à la situation singulière de l'entreprise, les salariés méritaient une information, eux qui sont restés si longtemps dans le flou. Une fois par trimestre, j'organisais donc, pris sur le temps de travail, une réunion d'information qui se déroulait à l'extérieur de la société, histoire qu'ils ne soient pas distraits et installés dans des locaux plus adaptés. Je leur présentais les données économiques, les événements récents, en particulier ceux concernant le Tribunal de Commerce, les nouveaux embauchés et les perspectives d'avenir. Mais une communication peut-être trop technique de ma part a probablement nui à une bonne compréhension des choses et pire a même pu produire un effet contreproductif, avec des interprétations erronées que je ne peux taire. Par exemple, la mise en place de la procédure de sauvegarde et la nomination de la mandataire ad hoc puis de la conciliatrice : cette mesure a été perçue par certains comme étant la fin de l'entreprise. Le trop plein d'information tue l'information. Je cherchais trop à justifier mes actions. A y regarder de plus près, je me retrouvais seul débatteur lors de ces séances. J'attendais des instances du personnel une véritable force de proposition pour de réelles avancées. Autant l'un de ses membres s'était montré virulent sous l'ancienne direction, autant nouvellement élu, il était éteint, adoptant une attitude fermée, allez comprendre pourquoi ? Je n'obtenais pas le rendu attendu des instances du personnel mises en place. J'aurai dû adopter un discours plus sobre, plus adapté à mon auditoire.

Trop de scrupules de ma part à recourir au chômage partiel et quelque part à la solidarité nationale

Pour chaque début d'exercice, particulièrement au début 2006, le manque d'activité se ressentait en attente du lancement des appels d'offre bancaires et cela tombait mal, après un exercice 2005 calamiteux. J'aurai dû mettre en place du chômage partiel en prenant le soin d'expliquer la mesure et ses modalités d'application. Sur un plan économique, cela aurait soulagé la masse salariale et, de ce fait, amélioré le résultat comptable. Par scrupule d'utiliser des deniers publics, je ne l'ai pas fait, mal m'en a pris. Aucun conseil ne me l'a suggéré.

Prendre acte des faits dans l'immédiateté, un élément déterminant dans la constitution d'un dossier

Durant ma gérance, j'ai rédigé une masse importante de courriers, mais avec recul, pas assez pour acter chaque jour des réunions, de faits qui, pour le personnel, se prescrivent au bout de deux mois, ce qui aurait été fort utile dans la consolidation du dossier de Martin. De par la dispersion de mes missions, j'ai ressenti le besoin d'un binôme, que j'ai suscité en interne et en externe sans succès.

Dix ans plus tard, je viens de faire fortuitement connaissance, lors d'une formation, d'un responsable dans l'électricité avec qui j'ai pu échanger sur l'administration d'une société du secteur. Nous avons une vision commune. Une direction bicéphale à la tête de la société n'aurait pas été de trop. Je me serais senti moins seul dans ce combat de tous les instants qu'il a fallu livrer. Sur un plan comportemental, à son contact, j'aurai peut-être fait preuve de moins d'idéal, de moins d'angélisme dans ce monde économique si individualiste et sans pitié.

La période que l'on vit donne un nouvel éclairage sur cette épreuve entrepreneuriale

Chacun d'entre nous prend conscience que la crise s'éternise, on n'en voit pas le bout. On déplore encore de trop nombreuses faillites d'entreprises, au passé glorieux pour certaines d'entre elles. Qui n'a pas été, n'est pas, de près ou de loin confronté à des plans de licenciements et au chômage ? Dans ce contexte, l'attitude des recruteurs a changé et muté.
J'ai moi même subi, au cours de l'année 2014, un licenciement économique, me plaçant à nouveau sur le marché du travail. Lors de mes entretiens d'embauche, j'ai perçu de la part des interlocuteurs un réel intérêt sur mon expérience entrepreneuriale, contrairement à 2007, où ce vécu interpellait jusqu' à faire peur. A ce moment-là, on me prêtait des velléités de redevenir patron dans un avenir proche alors que ce n'était plus dans mes intentions, vacciné que j'avais été par un vécu récent ! J'analyse ce changement de positionnement par les effets de la crise, singulière par sa durée, le cycle habituel enregistré jusqu'alors étant de cinq ans. Quelle PME de près ou de loin n'a pas subi ses effets ? Face à ce contexte difficile, les dirigeants attendent de leurs proches collaborateurs une plus grande autonomie, un vécu de la conduite du changement, une grande adaptation, la confrontation d'idées, une réactivité, une capacité à fédérer, du sang froid en toute situation, une résistance au stress.
Parallèlement, un travail auprès d'une relation amicale coach, complétant un bilan de compétence et des analyses graphologiques, m'a été salutaire pour approfondir mon analyse comportementale. J'ai pu appliquer et reproduire à bon escient certains principes. Ce travail sur moi, une forte communication et mobilisation, les appuis professionnels et amicaux, une attitude positive, une forte détermination, une soif d'apprendre m'ont permis, avec le temps, de retrouver un poste et même, d'avoir, un luxe de nos jours, l'opportunité de choisir.

J'ai le sentiment d'avoir grandi et c'est pour moi un point essentiel, dans l'épanouissement de ma vie professionnelle.

Conclusion

Fort de mon expérience des procédures collectives, je conviens que la législation a évolué dans le bon sens sur la décennie écoulée. La mise en application de la loi de sauvegarde avec son idée fondatrice de la prévention est salutaire pour tout employeur confronté à des prémices de difficultés financières et qui saura la solliciter à temps. Pour « avoir essuyé les plâtres » à son tout début d'application, j'atteste au travers de mon récit qu'elle m'a sauvé, agissant comme un bouclier contre une recherche quasi-systématique de responsabilité par certains liquidateurs qu'il faut faire porter à tout chef d'entreprise placé dans la même situation.

Il est à noter d'autres avancées positives plus récentes comme la suppression du fichage Banque de France hors fautes de gestion graves. En effet, jusqu'alors, l'ex-dirigeant d'entreprise subissait le principe de la double peine, non seulement une déchéance en tout point lors de la liquidation de sa société mais aussi, comme si cela ne suffisait pas, son fichage, qui le poursuivait un certain nombre d'années, contrariant toute possibilité de financement bancaire de nouveau projet.

Depuis plus de vingt ans, bien qu'évoquées dans des projets de loi successifs, comme le Pacte de Croissance, défendu par l'actuel gouvernement, les autres avancées attendues comme l'échevinage, c'est-à-dire l'entrée en scène de juges professionnels aux côtés des juges consulaires, peinent à sortir. Le puissant lobbying de ces derniers les contre systématiquement. Il faut savoir que ces juges consulaires sont souvent des personnes d'influence (anciens directeurs d'agences bancaires, anciens experts-comptables, anciens dirigeants d'entreprises, anciens directeurs financiers…) qui siègent bénévolement au Tribunal de Commerce après avoir prêté serment et reçu une formation. Leur juridiction de siège est pour la grande majorité le Tribunal de Commerce de rattachement de leur ancienne activité professionnelle. Ils ont jusqu'alors fait reculer tous les gouvernements successifs en bloquant la juridiction du Commerce. On peut se demander pourquoi l'apparition de juges professionnels à leurs côtés leur fait peur. Redoutent-ils de voir leurs décisions

retoquées pour une interprétation des textes trop personnelle ? Eux défendent une compétence qui dépasse la seule compétence juridique, par la lecture qu'ils font des bilans, les actions de prévention qu'ils valident et mettent en avant le peu d'appels sur jugements de procédures collectives rendus. Je suis pour cette mesure de l'échevinage, qui permettrait de faire entrer un contre-pouvoir au sein des audiences du Tribunal de Commerce et dissiperait l'appréhension de tout entrepreneur d'être probablement confronté un jour, à un ou plusieurs juges consulaires qu'il connait, pour les avoir précédemment côtoyés dans son environnement professionnel.
Il en est de même pour la nomination du juge commissaire. Le risque est bien là, il ne faut pas s'y tromper. Le chef d'entreprise est en droit de s'interroger : « la décision rendue à mon encontre ne sera-t-elle pas entachée d'un jugement pré-formaté ? », pour peu que leurs échanges professionnels précédents aient été animés d'animosité, de concurrence. Dans le subconscient de chacun, plane toujours un doute.
Concernant une plus grande professionnalisation des prud'hommes contenue dans la loi qui porte le nom du ministre de l'économie actuel adoptée après recours à l'article 49.3, c'est une bonne mesure, gage de sérieux et d'une plus grande rigueur législative dans les jugements rendus, j'en parle en connaissance de cause.
Par ailleurs, dans un contexte où la société se trouve exsangue sur un plan financier, il ne m'apparaît pas opportun que le juge commissaire donne si facilement satisfaction au mandataire liquidateur avec la nomination à tout va d'experts. Car quand on analyse « l'utilité » de la mission dévolue à certains d'entre eux, il y a beaucoup à dire. Il suffit, pour s'en rendre compte, de savoir que les évaluations de fonds de commerce sont de toute façon plafonnées d'avance par une jurisprudence du Tribunal de Commerce. L'expert missionné me l'avait avoué. Ou de voir un stock sous-évalué par un non professionnel du secteur, suscitant des interrogations de la juge commissaire… Ces nominations servent au liquidateur ni plus ni

moins qu'à se couvrir en termes de responsabilités, mal bien français. Surtout, les interventions de ces experts imposés, non soumises au droit de la concurrence, sont dispendieuses et doivent être payées par l'entreprise en difficulté, qui n'a pas besoin de cela ! Prioritairement prélevé sur l'actif à peine récupéré, tout de suite mangé. Dans cette histoire, les autres créanciers se trouvent floués. Un ménage s'impose donc dans ces nominations d'experts.
Quant aux mandataires de justice, tout puissants, presque de « droit divin », ils imposent de s'entourer d'avocats d'affaires spécialisés en procédure collective, expérimentés, à la personnalité affirmée et légalistes. Ces critères sont en effet bien utiles pour faire front à des décisions régulièrement arbitraires et contestables. Il ne faut pas se laisser intimider. Vous devez vous opposer à eux avec conviction et détermination, forts d'un dossier solidement constitué. Car autant sera analysée avec bienveillance la situation de la société qui a failli et l'attitude de son dirigeant, autant le repreneur s'en sort à meilleure fortune. Les organes de la procédure, pleinement satisfaits d'avoir trouvé un repreneur, ne seront que peu regardants sur un strict respect par ce dernier des garanties de maintien de l'emploi dans le temps, et c'est le plus désolant. Des exemples récents retentissants le rappellent. Mon ex-associé a fini par disparaître. Les pouvoirs publics devraient témoigner plus de gratitude, porter plus d'attention aux investisseurs qui osent le défi de reprendre à son dirigeant une entreprise malade sans attendre une pathétique liquidation et la reprise à la barre du Tribunal.

Je témoigne que notre combat n'a pas été inutile. Il a permis à la société d'exercer durant onze ans non seulement en maintenant les emplois mais aussi générant à nouveau des richesses et menant à son terme le remboursement de son premier plan de continuation ce qui n'était pas gagné d'avance. Sur le papier, une simple analyse financière aurait dû conduire la société à sa mort dès le départ. C'est un motif d'espoir, témoignant que la résignation ne doit pas être de mise, qu'il n'y a pas de honte, de pudeur à témoigner de ses difficultés, bien au contraire. En faisant partager vos difficultés, vous augmenterez vos chances de rencontrer quelqu'un qui aura, tout comme vous, vécu la même situation, la même épreuve. Le retour d'expérience de cette personne, ses conseils, judicieux, ne pourront que vous être profitables et utiles. Ils vous faciliteront la prise de décisions pertinentes et rapides, la clairvoyance, vous redonnant confiance en vous et au passage, vous évitant la multiplicité de dépenses auprès de conseils. Une communication appropriée doit être le maître mot et le fil conducteur qui vous guide.

Au fil du temps, des associations se sont créées ayant pris la mesure de situations personnelles en détresse, de découragement suite à une expérience entrepreneuriale malheureuse. « Second souffle » en fait partie. Le slogan des réunions que cette association organise : « lieu de rencontre convivial afin d'échanger sans tabous sur une situation d'échec ». C'est ensemble et solidairement que nous nous relèverons, que nous bousculerons une justice jacobine, l'ordre établi, que nous lutterons contre les idées reçues, que nous gagnerons en dignité et en fierté de nos actions accomplies dans l'intérêt de la nation auprès de nos concitoyens, nous les petits entrepreneurs bien loin des grandes messes du patronat et des préoccupations de ces patrons du CAC 40.

Un site pour partager nos expériences

http://unefailliteunelecondevie.jimdo.com/

J'ai souhaité prolonger mon livre par ce site que je veux participatif. Vous serez nombreux, je l'espère, à l'alimenter de vos réflexions, de vos propositions, du récit de vos expériences.
J'aimerais qu'il nous permette :

- d'échanger sur la fonction de chef d'entreprise d'une TPE /PME et sur la responsabilité qui en découle,
- de prolonger les réflexions sur les questions abordées ici, de partager l'information et pourquoi pas, grâce à nos multiples expériences, de faire des propositions,
- d'être un lieu où l'on n'hésite pas à venir parler de son expérience entrepreneuriale malheureuse, y compris dans les moments économiquement et personnellement difficiles où celui qui a osé "faire" se retrouve trop souvent livré à lui-même.

Cette démarche se voit comme une petite pierre apportée au travail d'associations comme « Second Souffle », qui aident à se relever, à se reconstruire, à (re)gagner en confiance. Chacun d'entre nous a des atouts qui mis en commun peuvent permettre de franchir des obstacles, il en va de ma conviction.

Rendez-vous sur le site, vous y trouverez, entre autres, les rubriques : « Partages d'expérience », « propositions », « législation ». N'hésitez pas à y participer, à y témoigner.

Vous pouvez également me joindre à l'adresse mail suivante :
jeannoel523@gmail.com

Lexique

Page 16 :

Tribunal de commerce : une juridiction de premier degré de l'ordre judiciaire, composé de juges bénévoles élus par leurs pairs. Ils sont appelés juges consulaires, ont le rang de magistrat et prêtent serment comme les magistrats professionnels et siègent en robe. Le Tribunal de Commerce a deux rôles :
1/Rôle juridique dans l'application du droit du contentieux
2/Rôle judiciaire économique dans l'application du droit de la "faillite"
La compétence du Tribunal de Commerce résulte de la nature des litiges qui lui sont soumis pour exemples :
* Litiges entre commerçants ou sociétés à objet commercial
* Contestations relatives aux actes de commerce entre associés d'une société commerciale
* Procédures de redressement et de liquidation judiciaires des commerçants personnes physiques ou personnes morales.
Le Ministère Public (représentant du Procureur de la République) représente les pouvoirs publics devant le Tribunal de Commerce. Il s'exprime obligatoirement en matière de défaillance d'entreprise et dans les autres cas, chaque fois qu'il le souhaite.

Procédure simplifiée : avec une période d'observation de quatre mois, renouvelable une fois suivant critères de la société. Reports possibles au-delà du délai si acceptation du juge commissaire suite à demande de l'administrateur ou du représentant des créanciers.

Juge commissaire : il est nommé par le Tribunal de Commerce et est chargé de veiller au bon déroulement de la procédure. Il a le pouvoir de contrôler l'administrateur judiciaire et le représentant des créanciers. Il a tout pouvoir pour obtenir des informations auprès des commissaires aux comptes, des banques, des représentants du personnel. Sa limite d'exercice, ce sont les textes en vigueur, le

Tribunal de Commerce ou le Président du dit Tribunal qui lui dictent.

Page 17 :

Le représentant des créanciers : il est désigné dans tous les cas de redressement judiciaire. Il représente les créanciers de l'entreprise défaillante (Etat, organismes sociaux, banques, fournisseurs...)
Il s'occupe des demandes d'avance de salaires impayés et verse les salaires sur virement effectué par **le Fonds national de garantie des salariés (FNGS)**. Il reçoit les déclarations de créances, dresse la liste des créances et vérifie le passif. Il donne au Tribunal son avis sur la solution de la procédure.
En cas de liquidation judiciaire, il devient liquidateur. Il procède alors au licenciement des salariés, règle les indemnités de rupture de contrat de travail ainsi que les créanciers. Il procède à la liquidation des biens et actifs de l'entreprise et répartit les fonds recueillis entre les créanciers selon le rang de priorité.

Créanciers superprivilégiés (créanciers les premiers servis par le liquidateur): ce sont les créances liées aux salaires, indemnités de licenciement impayées avancées par le FNGS. Le FNGS est donc remboursé prioritairement sur de courts délais non négociables.

Passif : Son rôle permet de connaître l'origine des sommes ayant servi à financer l'actif. Il prend en compte les capitaux, les dettes et les emprunts de l'entreprise. Les capitaux propres de l'entreprise englobent le capital initial apporté par le créateur lui-même ou le capital social si celui-ci a une forme sociétaire. Les bénéfices mis en réserve au fil des années pour contribuer à financier l'entreprise entrent également dans les capitaux propres. Sont aussi recensées les dettes circulantes envers les fournisseurs, l'Etat.

Cessation de paiements : l'entreprise est devenue incapable de "faire face à son passif exigible avec son actif disponible", en langage commun, d'honorer ses dettes à échéance avec ses liquidités immédiates (disponibilités bancaires).

Page 18 :

L'administrateur judiciaire : il a pour mission de surveiller, d'assister ou de représenter le chef d'entreprise en cas de redressement judiciaire. Il établit le bilan économique et social de l'entreprise, recherche une solution pour assurer la survie de l'entreprise et propose au Tribunal sa continuation, sa cession à un tiers ou sa liquidation.

Page 20 :

Lignes de concours « Loi Dailly » : la loi "Dailly" est la mobilisation de créances professionnelles en vue de garantir une opération de crédit. L'opération est réalisée auprès d'une banque. C'est le transfert en pleine propriété d'une ou de plusieurs créances clients détenues par le cédant(l'entreprise) dans le cadre de son activité professionnelle. Le recours au Dailly impose un formalisme, avec des mentions obligatoires. Il est fait publicité de l'acte de cession auprès des tiers. La loi « Dailly » trouve son utilité et explique son succès, permettant de palier aux délais de règlements trop longs de ses créances, mal propre à la France.

Page 21 :

Concours bancaires : Ce sont des crédits à court terme à moins d'un an accordés par les banques. Ils se présentent sous la forme d'un prêt, d'un découvert ou d'une facilité de caisse.

Facilité de caisse : Autorisation accordée par la banque dans un délai très court permettant à une entreprise de faire face à ses aléas de trésorerie.

Autorisations d'ouverture de crédit : facilité de découvert accordée en montant et en délai par un fournisseur à son client au vu d'une analyse financière de son dernier bilan.

Page 23 :

Mandataire social : personne physique mandatée par l'entreprise personne morale. Il est responsable de tous les actes de gestion de l'entreprise. Il doit rendre compte devant les actionnaires dans tous les domaines (droit social, droit du personnel...).

Capital social : Le capital social d'une société est formé d'apports en espèce et en nature.
-Apports en espèce : l'apporteur peut payer immédiatement en numéraire, en argent.
- Apports en nature : ils portent sur des biens (meubles, immeubles, fonds de commerce). Les apports sont évalués par un commissaire aux apports (choisi parmi les commissaires aux comptes) afin d'éviter une surévaluation des biens. Les apports en nature peuvent se faire sous deux formes :
1°/ Soit en pleine propriété
2°/ Soit en jouissance et dans ce cas la société n'a que l'usufruit du bien qui reste la propriété de l'apporteur.

Page 25 :

Capitaux propres : est constitué du capital social, des réserves légales et statutaires, des reports à nouveau des résultats nets des exercices précédents et du résultat de l'exercice. Ils constituent une ressource stable.

Financement par crédit-bail consiste à louer un équipement à une société de crédit-bail qui peut être une banque ou un établissement spécialisé. Le contrat est à durée déterminée, assorti d'une promesse de vente à son échéance. L'entreprise utilisatrice n'est donc pas propriétaire du bien mis à sa disposition pendant la durée du contrat. Il est fait mention des échéances du contrat de crédit-bail dans le bilan publié.

Page 27 :

<u>Les Mandataires de justice :</u> ils sont désignés par le Tribunal à l'ouverture de redressement judiciaire ou de la liquidation judiciaire.

Page 28 :

<u>Créances :</u>

<u>- Créanciers superprivilégiés</u> : cf explication de la page 17

<u>- Créanciers privilégiés</u> (servis en 2e rang) : ce sont les organismes sociaux et fiscaux.

<u>-Créanciers chirographaires</u> (fournisseurs en 3e rang) : ce sont les derniers servis, dans la plupart des cas jamais désintéressés car le liquidateur n'a plus de fonds après avoir réparti l'actif récupéré aux créanciers 1er et 2e rangs.

Page 30 :

<u>Dépannage bancaire :</u> à la différence d'un marché, d'un planning contractualisé et dans l'attente d'un ordre de service de démarrage, le dépannage signifie une intervention en urgence (délai 48h en général) afin de rétablir le fonctionnement d'une installation.

<u>Attachement</u> : document de la société prestataire décrivant clairement la prestation exécutée avec mention des heures passées avec le nom de l'intervenant (technicien) et des fournitures, signatures et tampon société des parties ce qui vaut opposabilité.

Page 39 :

<u>Commissaire à l'exécution du plan :</u> mandataire de justice nommé par le Tribunal de commerce pour suivre la bonne exécution du plan, c'est-à-dire le paiement à bonne date des dividendes du passif par le débiteur. Le commissaire a la responsabilité de les répartir entre les mains des créanciers.

Page 45 :

<u>Prendre un nantissement</u> : c'est une garantie prise par un créancier sur un bien appartenant à l'entreprise, souvent sur un bien immatériel comme le Fonds de Commerce. Il fait l'objet d'un formalisme avec publicité faite auprès du greffe. Le nantissement n'impose pas de dessaisissement de son propriétaire sauf en cas de faillite ou d'obligation non satisfaite.

Page 61 :

Parts sociales d'une société : Le capital est divisé en parts sociales d'une valeur nominale. Elles doivent être réparties entre les associés de façon à représenter l'intégralité du Capital Social. Les parts sociales ne font pas l'objet d'un titre spécial remis à l'associé. L'existence de la répartition est mentionnée dans les statuts de la société.

Page 64 :

Compromis de vente sous conditions suspensives : Dans le cadre d'un contrat, les parties peuvent conditionner la réalisation de la vente à des conditions. Dans le cas où ces conditions ne sont pas remplies, la vente ne se fera pas.

Page 98 :

L'AFACE = l'Association Française des administrateurs et créateurs d'entreprises

Page 104 :

Acte de réitération : cela signifie qu'un nouvel acte se substitue à celui établi au moment de la cession de l'entreprise, antidaté à la date du rachat de la société et qui mentionne que cette dernière est bien propriétaire de son fonds de commerce, condition indispensable à la cession de la société. Nous pensions que cela était réalisé au moment de la reprise effective.

Page 116 :

La mise hors du rôle de l'affaire : l'affaire est radiée sur un plan judiciaire.

Page 117 :

Siphonage : dans le cas présent, signifie abus de biens sociaux, détournements sur le dos de la société.

Page 123 :

La Commission des Chefs des Services Financiers et des Représentants des Organismes (CCSF ou CODECHEF)

Elle peut être sollicitée en cas de difficultés ponctuelles de trésorerie non liées à des problèmes d'exploitation. La CODECHEF agit sans l'intervention du Tribunal de Commerce dans le cadre de la prévention et du traitement de retards de paiement au titre de dettes sociales et fiscales échues. Elle est composée du Trésorier Payeur Général, des directions des services fiscaux et des affaires sociales, de l'Urssaf.

Tout chef d'entreprise ou son conseil ou expert-comptable, ou mandataire ad hoc ou conciliateur nommé par le Tribunal de Commerce, peut saisir cette commission de son département de rattachement, dès le non-paiement d'une seule dette fiscale et sociale. Son rôle est de statuer sur un étalement des dettes échues et le cas échéant, sur la remise partielle ou globale des pénalités de recouvrement de retard.

En contrepartie, la Commission se réserve la possibilité de demander des garanties. Au préalable, il est conseillé au chef d'entreprise d'être à jour de sa situation fiscale personnelle et d'avoir obligatoirement satisfait au paiement intégral des parts salariales des cotisations précomptées sur les feuilles de paie de ses salariés. Le chef d'entreprise doit donc avoir reversé à l'Urssaf cette quote-part. L'élément à prendre en compte est que le récépissé de dépôt du dossier permet en principe la suspension des poursuites individuelles des créanciers.

Page 124 :

Précompte salarial annuel : part salariale des cotisations sociales prélevée d'avance mensuellement sur les bulletins de salaire des salariés par leur entreprise régularisée par le système du déclaratif auprès des organismes sociaux.

Page 125 :

Rescrit : procédure qui permet à une entreprise d'interroger une administration sur un point d'interprétation d'une loi. Sur ce point précis, l'entreprise sera couverte en cas d'un éventuel contrôle à postériori par ledit organisme interrogé.

Page 129 :

Appels d'offre allotis : c'est l'obligation imposée par l'émetteur de l'appel d'offre de répondre à plusieurs lots (spécialités) sous peine à une entreprise de voir sa candidature rejetée.

Page 133 :

Intervention préventive : c'est le fait de solliciter le Tribunal de Commerce avant la cessation des paiements selon le principe selon lequel « il faut mieux prévenir que guérir ». Cela demande une anticipation de ses difficultés par un chef d'entreprise et surtout ne pas attendre le dernier moment. C'est l'objet de ce nouveau régime entré en vigueur en 2006 « Loi Sauvegarde des entreprises ». La conciliation est l'une des 5 procédures mais celle-ci nouvelle.

Page 135 :

« In bonis » : signifie que l'entreprise se trouve en situation de générer à nouveau des bénéfices et par effet induit de recapitaliser son haut de bilan. L'entreprise retrouve des équilibres financiers.

Mission de conciliation : le Tribunal de Commerce nomme un conciliateur qui a pour mission de rechercher un accord avec les principaux créanciers de l'entreprise pour obtenir des délais, des remises de dettes.... pour mettre fin aux difficultés et assurer la pérennité de l'entreprise. Cette procédure se distingue des autres procédures de prévention par la publicité qui est faite en cas d'accord obtenu avec les créanciers qui passe par l'homologation par un jugement. Les conditions pour y prétendre, ne pas se trouver en cessation de paiements de plus de 45 jours et rencontrer des difficultés prévisibles. Les créanciers qui acceptent se voient pourvus d'un droit privilégié pour le remboursement de leurs créances.

Page 147 :

Passif exigible : correspondant au passif pouvant donner lieu à un paiement immédiat.

Sommaire

Kolibri 360 GmbH
Ferdinand-Jühlke-Straße 7
99095 Erfurt, Deutschland
produktsicherheit@kolibri360.de

Druck:
CPI Druckdienstleistungen GmbH
im Auftrag der
Kolibri 360 GmbH
Ferdinand-Jühlke-Str. 7
99095 Erfurt